CULTURE HACKS

日・米・中　思考の法則

リチャード・コンラッド 著
福井久美子 訳

ダイヤモンド社

CULTURE HACKS

by

Richard Conrad

Original English language edition published by

Scribe Media 815-A Brazos Street, Suite #220, Austin, TX, 78701, United States.

Arranged via Licensor's Agent: DropCap Rights Agency

and The English Agency (Japan) Ltd.

父と母へ

知彼知己、百戰不殆

彼を知り己を知れば百戦殆うからず

『孫子』「謀攻」篇

プロローグ

私の世界観を一変させる出来事は、私が日本に住んでいたときに近所の小さな食料品店で起きた。

買い物かごに入った食料品を全部取り出したあと、レジ係が６５４３円になりますと言った。私は使い慣れない硬貨を数えるのに少々手間取りながらも、財布のなかに６５４２円あるのを見てほっとした。お金は１円不足していたけれど。レジ係はお金を２回数えて、私をじっと見つめた。私は笑みを返した。彼女は黙って私をじっと見ている。私は不要な小銭が入った皿——アメリカではよく見かける——がないかとレジの周りを探したが、残念ながらなかった。レジ係はまだ私を待っている。そこはどこにでもあるような個人商店で、全国チェーンの店ではない。まさか１ペニーにも満たない小銭が足りないせいで、50ドル以上の買い物を取り消されたりはしないはずだと私は自分に言い聞かせた。

とうとう私はこれではらちが明かないと悟った。お金と食料品をつかむと、買い物客の列から外れた。完璧主義で生真面目な日本人の感覚からすれば、１円足りないのも50ドル足りないのも同じなのだ。異なる文化的背景を持つ人たちは世の中をまったく違った目で見て考えるのだと、私はこのとき初めて実感した。

大学生だった頃の私の目には——少なくとも経済学の観点からは——日本が世界を支配しつつあるように見えた。当時のアメリカ人は日本を理解できないようだったので、私は日本語と日本文化を学ぼうと日本へ渡った。その数年後に台湾に住んでいたとき、私は日本の次に中国の時代が来そうだと直感した。私は中国語を勉強して、中国の一流大学に入学して修士課程で経済学を専攻した。この16年間はエクイティアナリストとして働きながら、中国企業や日本企業をリサーチして投資している。

25年以上にわたってアジアで暮らし、学び、働いた経験から、私はアメリカ人と中国人と日本人が世の中をどう考え、どう解釈するかをまとめ、人々がその違いを理解できるようなフレームワークを作った。私の経験から言うと、文化的な誤解やミスコミュニケーションのほとんどは、私たちの考え方が根本的に違うことが原因で起きる。アメリカ人は直線的に、中国人は水平的に、日本人は直感的に考える傾向があると思ったため、私はこのフレームワークを「直線的」「水平的」「直感的」と名づけた。本書では、各国の出身者の考え方がどう違い、なぜ違うのかを説明し、こうした考え方の違いがそれぞれの社会と文化にどんな影響を与えるか、文化的なギャップを埋めるにはどうコミュニケーションを取ればいいかを説明する。目標は、私が初めてアジアに移住したときにこんな本があったら助かっただろうにと思える本を書くことだ。

日米中の思考スタイルの違いについて私の理解が発展したきっかけは、中国に住んでいたときにチベット自治区を訪れたことだった。ラサには、他のどんな都市とも違う、はっきりと感じ取れる確かなエネルギーがあった。とても神聖な雰囲気が漂っていた。それ以外のいい表現が思いつかない。中国の東部では日々の生活がきわめて現実的で、神聖な雰囲気とはほど遠かったが、ラサはそうした私の東部での経験とは対極にあるように思えた。

チベットは他のどの地域とも違っていた。私の目には、チベットの人々は信仰心が厚く、宗教を最優先しているように映った。人々はとても貧しく、世俗的な生き方とは完全に無縁のようだった。ぼろきれみたいな服をまとった巡礼者たちが経や真言を唱えたり、小型のマニ車（訳注：チベット仏教で用いられる教典を収めた円筒状の回転体）を回したりしながら一日中、それも毎日歩き続ける。チベット仏教徒のなかには、経を唱えるたびに地面に身体を投げ伏して礼拝する者もいた。地面がどんなに汚れていようと、地面に額をつけて礼拝しては立ち上がるという手順を繰り返し、礼拝するたびに身長分だけ前に進む。アメリカ人の目には、理解しがたい行為に見える。だが驚いたことに、私が出会ったチベットの人たちは物質的には恵まれていないものの、平均的なアメリカ人と同じぐらい幸せそうに見えた。

しわだらけの老齢の女性を眺めていたとき、私は突然ひらめいた。老女はぼさぼさの白髪を長く伸ばし、50年間ずっと着続けているかのような、くたびれた黒いウールの衣服を身にまとっていた。マニ車を回しては「オム・マニ・ペメ・フム」というチベット仏教のごく一般的な真言を唱えていた。その瞬間、私は悟った。西洋では、約１３８億年前にビッグバンが起きたときに（あるいは、神が天と地を創造して「光あれ」と言われてから）時間が生まれ、それ以来時間は未来に向かって進み、これからも直線的に進み続けて、宇宙は年を重ねると信じられている。このような基準点があることで、西洋人は絶対的な真実があるはずだと強く確信することができる。西洋で直線的な論理が生まれたのは、絶対的な真実があり、時間は直線的に進むと信じられているからだ。

　ところがアジアでは、インドから日本に至るまで時間の捉え方が違う。どこであれ時間は常に循環しているのだ。もちろん、西洋人も時間、分、秒を円形の時計になぞらえて考えるし、季節は冬、春、夏、秋へと巡ることを認識している。ところが年数を数え始めると、西洋人は時間が基準点から始まって、まっすぐに進むと思い込む。アジア人は時間は巡ってくると信じている。宇宙は生まれては消え、生まれては消える。よりどころとなる基準点がないまま、あらゆるものは円を描きながら循環しているのである。

　この観点を基に、アジア人は物事の是非や善悪を絶対的な視点ではなく、相対的な視点で判断する傾向がある。映画『スター・ウォーズ　エピソード6／ジェダイの帰還』で、禅を熟知している偉大な戦士オビ＝ワン・ケノービは、「我々が考えている真実のほとんどは、見方によってどうとも変わるものだ[*]」と語る。若かった頃の私は、アメリカ人は民主主義的だから良くて、共産主義者は悪者ばかりだと思い込んでいた。私が絶対に正しいと信じて疑わなかった固定観念だ。ところがアジア人はこのような絶対的な真実について「状況による」と考えるだろう。

ドイツの元首相ヘルムート・コールが、中国を近代化に導いた鄧小平と交わした会話を紹介している。コール元首相は「事実を考慮すれば、あなた方は正直な人たちではありませんね。共産主義者だと主張しながらも、実際ははるかに儒教徒寄りですからね」と言った。鄧小平はしばらく考えてから「それで？」と答えた。[1] 私の経験では、中国人は確定的な真実を避けてものを考え、非常に水平的な推論をする。直線的な思考をする人は、自らを共産主義者だと名乗る人ならば、政治や経済において共産主義的な体制を採るものと予想する。だが、鄧小平は水平的なロジックを使って、共産主義を採用したからといって、すべてを共産主義体制にするとは限らないと返した。直線的な論理で考える人には矛盾に思えるかもしれないが、鄧小平にとって共産主義は柔軟な概念であり、儒教を加えることなど容易で、なんなら資本主義（あるいは彼が名づけた「市場経済」）だって加えるだろう。

直線思考（訳注：垂直思考と呼ばれることもある）、水平思考、直感思考という考え方の違いは、意図せぬ混乱、ミスコミュニケーション、誤解を引き起こす。アメリカ、中国、日本を巡る建設的な関係は、21世紀において重要性が増す一方であり、誤解を避けながら連携することがきわめて重要だ。この本が、皆さんの相互理解とより良いコミュニケーションをはかるうえで役立つことを願っている。

＊本文中の映画『スター・ウォーズ』の日本語訳は、左記のDVDより引用。
『スター・ウォーズ エピソード4／新たなる希望』吹替翻訳：岡田 壯平
『スター・ウォーズ エピソード5／帝国の逆襲』翻訳：平田 勝茂
『スター・ウォーズ エピソード6／ジェダイの帰還』翻訳：平田 勝茂
いずれも20世紀フォックス・ホーム・エンターテイメント・ジャパン

CULTURE HACKS

日・米・中　思考の法則

目次

目次

第2編　中国人の考え方

第3編 アメリカ人の考え方

序章　あなたはどの思考タイプ？

「10頭の乳牛がいる村」が次の問題を抱えているとしよう。さて、あなたならどう解決するだろうか？

昔々、のどかで美しいある村に10頭の乳牛がいた。どの牛も健康で幸せで、１００人分を満たすのに十分な牛乳を供給していた。だが、村の人口は５００人だったため、４００人は牛乳が飲めなかった。あなたがこの村に住んでいたら、村人全員に行き渡らせるのに十分な量の牛乳を確保するために、どんな解決策を提案するだろうか？

おそらくあなたは、慣れ親しんだ思考方法でこの問題を解決しようとするだろう。私は次の三つの傾向を分析して、中国人と日本人とアメリカ人の考え方に見られる特徴的な違いを明らかにしている。それを土台にして、世界観の違いに関する私の理論を説明しよう。

●どうやって問題を解決し、意志決定を下すか？　直線的に推論するか、水平的に推論するか、直感的に推論するか？

●世の中を文字通りに解釈するか、抽象的に解釈するか、その中間的な方法で解釈するか？

●真実を相対的だと考えるか、絶対的だと考えるか？　このテーマはその人の時間に関する哲学的な信条と関連が深い。つまり、時間は直線的で未来に向かって常にまっすぐ進むと思っているか（絶対的な真実派）、それとも果てしなく循環していると思っているか（相対的な真実派）？

日本人、中国人、アメリカ人の思考法について、私は次の基本的なフレームワークをあてはめている。

	推論プロセス	意識（抽象的か事実通りか）	真実の捉え方
日本人	直感的	事実通り	相対的
中国人	水平的	偏りがない	相対的
アメリカ人	直線的	偏りがない	絶対的

たとえば、日本人は直感を使って推論し、世の中をありのままに解釈し、真実は相対的なものだと考える。これはアメリカ人とは大いに異なるため、アメリカ人が日本人を理解するのは容易ではない。といっても、この定義は絶対的なものではない。日本でも直線的な考え方は見られるし、アメリカにも直感的に推論する人はいるし、中国でも抽象的な考え方は見られる。私が注目したのは、各国の人たちに顕著に見られる考え方や推論方法のことだ。

ほとんどの人は、抽象的な考え方と直感的な考え方を区別しない。わかりやすく言うと、抽象的思考の反対は硬直思考、すなわち愚直な思考で、これは世の中の現実的な面に関心を持つ考え方のことだ。他方で、合理的思考または論理的思考の対極にあるのが直感思考である。

一つ目の主な相違点——直線思考、水平思考、または直感思考？

アメリカ人は、あるアイデアの上に別のアイデアを連続的に構築していく直線思考に慣れている。科学的手法のベースとなるこの考え方は、欧米に端を発する工業化や近代化の土台にもなった。得てしてアメリカ人は、人はみな論理的に考えるが、そのやり方には個人差があるだけだと考える。言い換えれば、アメリカ人は水平思考や直感思考を論理的とは見なさず、異なるタイプの推論だと気づかない場合が多い。

水平思考は前提から結論を導き出すのではなく、さまざまな前提やテーマを関連づける。水平的な考え方は中国人に多く見られる。

中国人の水平思考の一例として、中国では犯罪に対して厳しい罰が科されることが挙げられる。西洋人なら直線思考に従って、罪の重さに合った罰にすべきだと感じる。中国人は処罰を水平的な視点から捉え、犯罪者を厳しく公然と罰する。[2]見せしめにすることで、他の人が法に従うようになるからだ。「サルを脅すためにニワトリを殺す」という中国のことわざにもこの論理が見られる。一人の市民を厳罰に処することで、もっと重要な大多数の人々が規則を守るようになるというわけだ。かくして犯罪者は自身の罪に対する罰だけでなく、社会を脅すための水平的な罰まで受けさせられる。これは処罰される個人への人権侵害に他ならないが、その水平的な効果によって、中国の都市では夜道を一人で歩いても、アメリカの平均的な都市よりもはるかに安全だ。

日本人は得てして直感的で、おそらくは潜在意識の論理に導かれた感覚や感情に動かされることが多い。直感的な人は自分の動機を正当化したり、説明したりするのによく苦労する。というのもそのアイデアや解決策は、因果関係に基づいた明快な推論プロセスによるものではなく、高い集中力と深淵な経験によってもたらされた感覚や洞察だからだ。感覚と呼ばれるものは、実は非常に合理的なもので、段階的に読み解くのが難しいだけなのかもしれない。たとえば、見知らぬ他人から財産を譲るので手数料を送金してほしいとの電子メールが送られてきたとしよう。送金すべきではないと判断するのに、手の込んだ複雑な手法で調べるまでもない。直感で十分だからだ。

日本人の直感思考の一例として、学生がテニス部に入っても、最初の一年間はラケットを握らせてはもらえない。直線的な論理で考える人なら、テニスを習うときは、まずラケットを振ってボールに当てる練習をするものと期待する。だが日本では、一年目はボール拾いをしたり、練習や試合を見たり、先輩と行動を共にしたりして、テニスのプレーを直感的に理解しようとする。一年間、観察という形でテニスを学んだあと、ようやくラケットを振れるようになる。

二つ目の主な相違点――事実通りか抽象的か？

人の意識はどうやって世の中を解釈し、経験し、反応するか？　文化的な背景はこのプロセスにどう影響するのか？　人の意識は世の中を事実通りに見るのか、抽象的に見るのか、それともその中間の偏りのない視点で見るのか？　たとえば直感思考寄りの人と抽象思考寄りの人とでは、時間の感覚に違いが見られることがある。あなたが誰かと午後5時15分に待ち合わせをしたとしよう。物事を事実通りに受け止める硬直思考の人は5時15分ぴったりに現れるが、抽象思考の人は数時間後に現れるだろう。

硬直思考の人と抽象思考の人の好みの違いを、いくつか挙げよう。

硬直思考	抽象思考
規則	信念
散文	詩
具体的	象徴的
データ	理論
講義	ディベート
規律／構造	変化
意外性に欠ける	自発的

硬直思考は日本人に顕著な特徴なので、日本のセクションで別途詳しく説明する。

三つ目の主な相違点——絶対的か相対的か？

時間は未来に向かって直線的に進むか、それとも循環しているか？　西洋と東洋では時間の概念が異なり、それが大きな相違点をもたらしている——「絶対的な真実」対「相対的な真実」、さらには「個人は独特な存在という考え方」対「個人は役割を担うための存在という考え方」だ。

西洋人は心のよりどころとなる基準点を基に絶対的な真実があると信じており、意見や行動は不変的に正しいか間違い、もしくは善か悪かのどちらかだと考える。他方、時間は循環すると考える東洋では、物事の真偽や善悪の判断は、状況と見る人の考え方と時期によると考えられている。興味深いのは、時間が循環すると信じることで個性という感覚が失われることだ。というのも時が無限に巡ってくる世界では、私という人間はかつても存在したし、未来でも何度でも生をうけるからだ。私には特別な面などないと考えることで、自我はもちろん、個人の権利さえも軽視される。中国における犯罪者への処罰からもこの傾向は見て取れる。この点について西洋人はきわめて対照的だ。直線的な時間を信じるが故に、自分は一度しか生をうけられない唯一無二の個人であり、私を定義づけるものは独自の個性であって、社会で与えられた役割ではないと考える。

時間が直線的に進むと信じる人は明確な基準を持っているため、絶対的な真実や善悪に関する絶対的な判断基準を支持することができる。他方で、時間を循環的なものと捉える人は、あらゆるものは相対的であり、真実や物事の善悪の判断は状況や視点によると考える。

インド哲学では、世界は生成と消滅を無限に繰り返し、人は輪廻転生すると信じられている。興味深いことに、ヒンディー語では、「昨日」も「明日」も「カル」という同じ単語が用いられる。循環する時間という概念のなかでは、昨日と明日は同じで、今日と一日違うだけだ。時間は常に前進していると考えられている西洋では、一般的にこのような考え方は良識がないと見なされる。西洋には、輪廻とは対照的に復活という概念があるが、復活は一度しか起こらないし、復活しても人格、つまり魂は生き残る。聖書のエピソードで死者のラザロがイエスの力で復活したとき、その人格はラザロのままだった。生成と消滅を繰り返す世界と転生を繰り返す人々から成る無限の宇宙においては、一人ひとりは独特な存在にはならない――私たちの人生は過去にあったし、未来にもあるだろう。

私が東洋で転生したら、別人に生まれ変わるかもしれないし、動物に生まれてくるかもしれない。別の人間か動物に転生するプロセスは、服を着替えるようなものだと言われている。といっても、私が同一視するのは脱ぎ着される服ではなく、転生するたびにさまざまな服に着替える不滅の魂の方だ。

絶対的な真実を信じるか相対的な真実を信じるかは、西洋の考え方と東洋の考え方の大きな違いである。このテーマはアメリカのセクションで詳しく説明しよう。

「10頭の乳牛では牛乳が足りない問題」に対する私の分析結果

偏りのない直線思考の人は、乳牛の数を10頭から50頭に増やせば、５００人の村民に十分な牛乳を確保できると考える（アメリカ人）。

硬直的で直感思考の人は、飼料の与え方を変えるなどして乳牛の搾乳量を増やす方法を考えるか、今の乳量のままで供給量を増やすために、牛乳の発酵方法を変えて栄養価の高い乳酸菌飲料を製造する方法を考える（日本人）。

偏りのない水平思考の人は、村の反対側にある険しい丘に広々と生い茂っている雑草を見て、あそこで山羊を放し飼いにすれば、乳牛で足りない分を山羊の乳で補えそうだと考える（中国人）。

抽象的で直線思考の人は、牛乳の価値を4リットルにつき3ドルと見積もり、牛乳を製造するのに必要な出資金と人時（訳注：1人につき1時間当たりの作業量）を計算する。検討した結果、お金と時間を他に投資して、別の村から足りない量の牛乳を買った方がいいと判断する。

硬直的で直線思考の人は、体格が大きくて搾乳量の多い乳牛を組織的に大規模に飼育する体制を作って、村の需要を上まわる牛乳を生産し、あまった分を近隣の村で売る。

抽象的で直感思考の人は、「寺を建てて我々の牛乳を神に捧げよう。これで他では手に入らない飲み物を皆に提供できる」と考える。この例が理解できない人は、インドを旅行してみてほしい。この種の考え方がどんな結果をもたらすかを、自分の目で確認できるだろう。

あなたの思考スタイルはどれだろうか？

第1編

日本人の考え方

第1章　直感とイノベーション

「抽象的思考や論理的分析よりも直感的な理解や意識のほうが重要だと、このころに気づいたんだ(3)」

——スティーブ・ジョブズ

西洋人にとって「直感」とは、理屈も観察もなしで得られる情報という概念をベースにしている。虫の知らせや第六感など、直感が働いて何かを感じ取ることだ。たとえば「彼は嘘つきだと直感した」とか、「それが正しい選択だとぴんときた」など。だが日本では違う。日本人は、物事を推しはかるうえで内なる声に耳を傾けることをもっとも大切にしている。そのためには、生涯にわたって注意力、意識、気づき、現在に集中すること、そして沈思黙考的で迷いのない思考態度を発達させる必要がある。

西洋人が直感を軽視するのは、定量化が難しいからだと私は思う。映画『恋愛小説家』のなかで、ジャック・ニコルソン演じる主人公は、どうやったらそんなにうまく女性を描けるのかと訊かれて、こう答えた。「男を土台にして、理性と責任感を取り除けばいいんだ」。西洋では、女性の直感は否定的に言われるし、私が思うに、重要な問題を直感に委ねることもない。あてにならないとか、分析的思考より劣るといった理由で、直感は軽視されがちだ。

わかりやすく言うと、一般的に西洋の女性は直線的に推論する。だが西洋人男性と比べると、女性は論理よりも感覚や直感に動かされやすい傾向がある。直感といった類いのあやふやな知識に基づく結論は、現実的で確かな事実ほど信頼できないと思われている。西洋では、理数系科目（科学・技術・工学・数学など）、金融業界、企業の上級管理職レベルにおいて女性の割合が不当に低いが、私の経験では、その理由の一つはここにある。能力ではなく、偏見で評価されてしまうのだ。さらに、パキスタンのような国に女性の首相がいたにもかかわらず、もっと先進的かつ進歩的で偏見が少ないはずのアメリカで、まだ女性の大統領が選出されたことがないのは、直感的な考え方に対する偏見によるところが大きいのではないだろうか。

スティーブ・ジョブズの成功は、こうした偏見を変える一つのきっかけとなった。私はジョブズをある種のハイブリッドであったと見ている——西洋仕込みの論理的な思考家で、西洋らしい抽象的な創造性を備えながらも、直感思考や完璧さを求める禅のような探究心を会得し、それを仕事に応用したからだ。大学時代の友人ダニエル・コトケは、スティーブ・ジョブズについてこう描写している。「スティーブは禅と深くかかわり、大きな影響を受けています。ぎりぎりまでそぎ落としてミニマリスト的な美を追求するのも、厳しく絞り込んでゆく集中力も、皆、禅から来るものなのです[4]」。スタンフォード大学の卒業式で行った有名なスピーチで、ジョブズは禅を彷彿とさせるアドバイスをしている。「みなさんの時間は限られています。だから、誰かの言うとおりの生き方をして時間を無駄にしないでください。ドグマにとらわれないこと。それは他人の考えに従って生きることと同じです。他人の意見に飲み込まれて、内なる声がかき消されないように。**そして何より重要なのは、自分の心と直感に従う勇気を持つことです**。心や直感は、自分が本当は何をしたいのかを知っています。ほかのことは二の次で構わないのです[5]」（太字は著者による強調）。

スティーブ・ジョブズの偉業を見ると、競争の激しい西洋のビジネス環境でも直感的な推論が威力を発揮できることがわかる。彼のケースは、論理的かつ分析的な推論だけが成功への道ではないこと、直感的な思考が仕事面だけでなく、私生活の面でも重要な役割を果たせることを証明している。世界で最初に実用的なポリオワクチンを開発したジョナス・ソークも、こんな偉大な言葉を残している――「思索にふける心には、直感が次にどこへ目を向ければいいか教えてくれるだろう」。

「相対性理論は直感によってもたらされたが、その直感の原動力となったのは音楽だ」

――アルベルト・アインシュタイン

西洋文化の欠点は、直感を正当に評価しないことだと私は思う。

私が観察したところでは、日本人は直感を価値あるものと考えている。直感は長年にわたって研ぎ澄まされてきた深い思考プロセスであり、意識的な気づきに頼るだけでなく、潜在意識の力も利用する。日本人はちょっとした意志決定や、物事に対する自分の感情を手っ取り早く判断するために直感を使うことはない。

日本人は直感を磨く。彼らは一つの修行のために何年も、あるいは何十年も集中して取り組み、それを習得することで、物事に対する直感的な深い理解力を身につける。これはチェスの達人が、駒を動かす前にその戦略を理論的に説明できなくても、チェスで勝つ方法を直感的に理解する方法を習得するのに似ている。直感的な理解力は何年も集中して取り組んで発達させる必要があるが、日本人は直感を磨いて独自の分析方法や思考法を発達させる。その方法は西洋の直線的な論理とは対照的であり、この視点の違いから、日本人にまつわる二つの誤解が生じる——日本人はクリエイティブではないという誤解と、日本人の考え方はロボットに似ていて、ロジカルだが、感情がないという誤解だ。

私が思うに、日本人はクリエイティブではないが、卓越した革新者《イノベーター》である。そもそもクリエイティブということは、今まで存在しなかったものを生み出すことだ。存在しないのだから、まずは抽象的なアイデアを思いつかなければならない。日本人の心は、世の中をありのままに捉えるため、抽象的なことを考えるのは得意ではない。その結果、日本人は新しいものを生み出すのがうまくないのだ。

言い換えよう。近年、中国に追い越されるまで、日本は世界第2位の経済大国だった。日本は、政府部門でも民間部門でも研究開発に莫大なお金を投じた。にもかかわらず、過去数十年間で日本から生まれためざましい発明品は、ウォークマン、インクジェット式プリンター、フロッピーディスク、ＬＥＤライトぐらいだ。だがどれもインターネット、機械学習、ビッグデータ、クラウド、人工知能、その他のニューエコノミー関連のものとは無縁のものばかりだ。

他方で、イノベーションは創造性とはまったく異なる。イノベーションとは、既存のものに注目して改善することだ。日本人はイノベーションで秀でた能力を発揮する。高度経済成長の初期、日本製品は粗悪なまがい物として知られていた。やがて１９７０～80年代になると、日本は高品質で革新的な製品を作っていると認識されるようになった。日本製のテレビや車は世界を席巻したが、それは日本製品の質が高く、耐久性に優れ、安価なために、人気が高かったからだ。日本のイノベーションは、小さな改良を絶え間なく繰り返すことで実現した。たとえば、日本における自動車部品の機械加工があまりに精密だったため、アメリカの自動車メーカーの測定器では、アメリカ製部品と日本製部品の違いを検知できなかったという。

西洋人は、日本人労働者に対して無表情でロボットみたいな働きアリといった印象を抱くことが多い。こうした固定観念を抱く人たちは、日本の暗記重視の教育制度が労働者に考える方法を教えなかったからだと主張する。日本の労働者たちは、その類い希な献身性とロボットのような労働倫理によって、自動車、ロボット、高速鉄道などの製造分野で成功を収めた。興味深いことに、韓国や中国との競争にさらされ、しかもこの両国が入手できる技術をあらゆる手段で模倣し、盗用する現状のなかで、日本は特定の分野でまだ優位に立っている。この違いは何だろうか？　その答えは直感に基づく職人技にある。

日本の新幹線車両のノーズ部分は手作業で作られている。高性能な自転車の変速機を作る世界でも有数の日本メーカーでは、数人の高齢の職人たちが手作業で変速機を作っている。この製造プロセスはなかなかまねできるものではなく、他社の参入を防いでいる。工作機械の製造、油圧ショベルやディーゼル・エンジンの調整、産業用モーターの材料加工、ロボット用小型歯車の製作など、すべてが職人によるものである。日本におけるものづくりは科学にしてアートでもあるため、模倣するのが極めて難しい。

作業の自動化どころか、人間の直感的な部分を使うこと、つまりコンピューターにはまねできない部分を重視することで、日本企業は高度な製造分野において競争で優位を保てるのだ。

日本の職人技における直感思考について、哲学者の中村元は著書『日本人の思惟方法』でこう説明している。「このようにして過去の日本においては、製作に関しても、構成的思惟能力にもとづく学問的省察よりも、直観的な『勘』が重んじられた」。日本人は、決まり切った製造方法よりも、職人の判断を尊重する。たとえば、日本の刀工《とうこう》は、熱く鍛えた刀を湯に浸す際の湯の正確な温度を記録に残さなかったという。「この奥義は、師から弟子に、直観によってのみ理解されるべきものとして、伝えられたのであった」と中村は書いている[6]。

現在の日本には、溶接線の継ぎ目がない一体型の原子炉圧力容器を製造できる世界で唯一の企業がある。この会社は、600トンの巨大な鋼塊《こうかい》から原子炉の圧力容器を製造している。これも科学であると同時にアートでもある。これが純粋な科学だったら、中国人や韓国人でも模倣できただろう。この優れた技術の背景には、同社が誇る材料科学がある。何百年も前から継承されてきた刀鍛冶の技術で培った冶金のノウハウが土台となっている。

本書は、国や人々の傾向について書いた本だ。日本人は事実に忠実で直感的に考える傾向がある。だが、例外もある。任天堂の宮本茂は「ドンキーコング」、「マリオブラザーズ」、「ゼルダの伝説」などを生み出し、同じく任天堂の田尻智は「ポケモン」を作った。この二人は紛れもなくクリエイティブで、抽象思考を自在に使いこなせる。だが、この二人は日本における卓越した例外だと強調しておきたい。

端的に言うと、日本人は抽象思考が得意ではなく、よってクリエイティブでもない。しかし、優れたイノベーターであり、科学にしてアートでもあるプロセスのなかで、直感による思考法で焦点を定めて考える。日本人は既存の製品に着目して、それを改善する。

「インドの田舎で7ヵ月を過ごしたおかげで、僕は、西洋社会と合理的思考の親和性も、そして西洋社会のおかしなところも見えるようになった。じっと座って観察すると、自分の心に落ちつきがないことがよくわかる。静めようとするともっと落ちつかなくなるんだけど、じっくりと時間をかければ落ちつかせ、とらえにくいものの声が聞けるようになる。このとき、直感が花ひらく。物事がクリアに見え、現状が把握できるんだ。ゆったりした心で、いまこの瞬間が隅々まで知覚できるようになる。いままで見えなかったものがたくさん見えるようになる。これが修養であり、そのためには修行が必要だ[7]」

――スティーブ・ジョブズ

潜在意識は、意識の領域にとどまらない膨大な量の情報を処理する。きわめて高い集中力と、穏やかで力みがない瞑想的な心の状態になると、潜在意識の下で発達した洞察力が働くようになるのだ。

第2章　日本人の直感思考はどうやって生まれたか

日本の社会では、自分の社会的な地位や立場が相手と比べて高いか低いかに重点が置かれるため、万人にあてはまるルールはない。中村元は著書『日本人の思惟方法』のなかで、この慣行の影響で日本人は普遍的な原則や論理的な考え方を避けるようになり、その代わりに関係性や直感思考に目を向けるようになったと述べている。[8]

普遍的な原則を期待しない日本人にとって、唯一重要な論理は、それぞれの社会システムとの関わりにおいて自分が認識されることだ。日本の社会では階層制度と調和が重んじられてきた。協調的なやり取りと人間関係の維持が常に優先される社会には、客観的で確たる論理はなじまなかったのだ。

さらに中村は、日本古来の数学である和算でさえ、論理的な思考が欠如していたことや、日本人が論理学を学問として発展させなかっただけでなく、精密論理の意義すら理解していなかったことを指摘した。[9]

中村が主張するように、日本語も論理的思考がなじむような形では発達しなかった。相手の気分を害さないよう、日本語は意図的にあいまいにできている。主語が男性か女性か、あるいは複数か単数かですら明らかではない文章はよくあるし、実際、直感で主語が何かわかる状況であれば、いとも簡単に省略されてしまう[10]。

日本語会話を学ぶとき、西洋人は最初、戸惑うものだ。というのも、英語で標準的に使われている主語が、日本語に含まれていないからだ。「私はお店に行くところです」とか「あなたは明日何をするつもりですか?」といったごく日常的な言葉も、日本語では「私」や「あなた」といった主語が省かれてしまう。英語では、主語を使わずに、ただ「お店に行くところです」とか「明日何をするつもりですか」などと言うことはない。「I love you（私はあなたを愛しています）」と言うとき（もっとも、日本人は愛という抽象的な概念を滅多に使わないが）、日本人は「好きです」と言うだろう。要するに、**「I love you」と言うときでさえ、日本人は「I（私）」と「you（あなた）」を省くのだ。**他方で、通常とは異なる話題のときは、どんなに明らかな状況であっても、正確に理解しているかを確認するためにあえて主語を付け加える。たとえば（これは私が目撃した事例なのだが）、一頭のゾウが近づいてきたときに、ある西洋人が「あれは大きいな」と言ったとしよう。日本人は「何が大きいって?」と尋ねる。西洋人は「さっきこっちに近寄ってきたゾウだよ」と答えると、日本人は「ああ。あのゾウは大きいね」と確認する。

中村によると、日常的に主語が省略されるのは、日本語の表現に論理が欠けているからだという。常に主語を明示するようにして混乱や誤解を防ぐ方が論理的だろうが、日本人にとってそんなことは重要ではないのだ[11]。

さらに日本語は、関係代名詞「which」を排除することで、論理的思考を表現する力を失っている。英語では、「which」という単語が前出語句を受けて思考過程をしだいに発展させていくのに役立っている。この単語を使わずに、複雑な状況を明確に関連づけるのは難しい[12]。

一例を挙げよう――「ニュートンはリンゴが落下するのを観察したが、それ（which）を引き起こしたのは重力であり、重力（which）とは二つの物体の質量と距離の関係によって起きる『引力』のことであり、この力（which）は数学的に計算できる」。日本語（中国語も）には文章どうしをつなぐ単語の「which」がないため、この複雑に関連づけられた文章を日本語にすると不明瞭になるだろう。ニュートンは重力の引力と質量と距離を直線的に関連づけ、その結果、微積分学と現代物理学が発展した。古代の東洋人は、ニュートンより１０００年も前に重力に気づいたにもかかわらず、重力と質量と距離との間の直線的な関係も、重力を数学的に計算する方程式も、後に微積分学や物理学の発展に寄与したであろう連続的な関係も定めることはなかった。
「日本語は（中略）、論理的に正確を期する表現には不適当であるが、直覚の表現、個性の感情的表現には非常に適している」と中村は述べている。[13] この特徴は武士道精神に役立った。武士は勇気と死を恐れない精神力を重んじた。論理的な思考では生き延びることが優先されるが、武士は生き延びることを拒否した。武士道の古典的名作『葉隠《はがくれ》』にそのことが詳しく書かれている。「勘定者はすくたるるものなり。子細は、勘定は損得の考するものなれば、常に損得の心絶えざるなり。死は損、生は得なれば、死ぬる事をすかぬ故、すくたるるものなり（勘定高い者は、卑怯になるものだ。そのわけは、勘定は損か得かで物を考えるものなので、いつも損得が心にあるのである。死は損、生は得であるから、死ぬことを嫌うので、卑怯になるのである）[14]」。そんななか、あなたが計算高く合理的に考え、損得計算に基づく理性的な判断基準を身につけたとしよう。その判断基準によって、戦争中の危険な行為が長期的にどんな影響を及ぼすかを十分に認識すれば、あなたは暴挙に出ようとは考えないだろうし、むしろ自分を守ることに集中するだろう。

　武士は、心の判断を正しく下すために、何を行動すべきかじっくり考えるべきではないと言われていた。「古人の詞に、七息思案と云うことあり。（中略）心氣うろうろしたるときは、分別も埒明かず。なづみなく、さはやかに、凛としたる氣にては、七息に分別すむものなり。胸すわりて、突つ切れたる氣の位なり（古人に七息思案という言葉がある。気も心もふらふらしているときは、考えても埒が明かない。とらわれることのない、さわやかな、凛とした気持ちであれば、七つ息をする間によい判断もできる。心を決め動じないで、すっきりした心境である）」。[15]

『葉隠』のなかに、このことを象徴する逸話がある。仏教とは何かと訊かれたある僧侶は、仏教とは分別を排除することだと答えた。僧侶は、その一例として「憶（臆病という意味）」という漢字を挙げた。「憶」は、「意（意味）」と「忄（心）」という二つの部首が組み合わさった漢字であり、このように「心」が「意味」にくっついて本能や義務を無視すると、臆病になると説明した。[16]

私が日本語を勉強したとき、「おくびょう」という言葉は「臆病」と書くと教わったが、伝統的に「臆」と「憶」は代用することができた。であれば３００年前には、「おくびょう」は「憶病」と表記されていたに違いない。最初の漢字は「憶えている、思い出す」を意味する。二つめの漢字は「病気」という意味だ。つまり臆病とは、考えすぎによる病気を意味し、さらには論理的にも合理的にも考えずに、自発的に行動して自分の責務を果たすことで勇気は生まれるということになる。

日本には「忠臣蔵」という有名な話（実話）がある。「赤穂四十七士《あこうしじゅうしちし》」と呼ばれる浪士たちが、一年以上逡巡したあとに自分たちの藩主を辱めた男を仇討ちする話だ。仇討ちに成功したあと、浪士たちは鋭利な刀で自らの腹を切り裂いて切腹した。彼らは名誉ある任務を見事に果たしたように見えるが、他の武士たちからは決行するまでに時間がかかりすぎたと批判された。つまり武士は、たとえ亡き藩主の遺恨を晴らすという責務を果たす前に自らが斬り倒される確率が高くとも、直ちに仇討ちを実行するべきだったと考えるのだ。私が思うに、この論理に従うのは容易ではないのだが。

赤穂浪士は、直線思考とは正反対である直感思考と義勇に重きを置いたが、このことは日本人が並々ならぬ闘士である理由の一つに違いない。だが、ルース・ベネディクトが著書『菊と刀』で描いているように、第二次世界大戦中の日本人にとってこの性質は仇となった。「（中略）第二次世界大戦を通じて、日本軍は砲火をかいくぐって、負傷兵を運び去り、応急手当を与える訓練を受けた救護班を持たなかった。前線、後方、戦場から離れて健康を回復するための病院といった医療体制を、日本軍は確立していなかった。医療品への目配りも貧弱なものだった」[17]。

直線思考でシンプルに考えれば、けがをきちんと手当すれば、兵士は回復後に前線へ戻れるし、陸軍全体の志気を高められると推測できるだろう。しかし日本人は、戦場で負傷した兵士を任務に失敗して面目を失った存在と感じ、けがの治療に積極的ではなかった。この姿勢から、日本人が戦士の心構えや英雄的に戦うことを重視したことが見て取れる。と同時に、戦争に勝つという最終目標に対する集中力も、そのために何をすべきかという直線的な論理も完全に欠いていたこともわかる。

第3章　合気道で直感を学ぶ

日本人の直感を理解するには、日本の禅僧の考え方を理解するのが役立つように思う。私が禅を学ぶきっかけとなったのは合気道だった。来日前、日本語の先生が私に貴重なアドバイスをくれた。日本語を勉強するには地元の日本人と交流するのが一番だということと、文化を理解することは、言葉を流ちょうに話すのと同じくらい大切だということだ。地域の行事や活動は、文化に触れる絶好の機会。私は合気道を学ぶことにした。

合気道は日本の武道で、文字通り「気に合する道」という意味だ。武士の剣術が基礎となっていて、剣術も含まれるが、接近戦の技を中心に練習することが多い。合気道では、勝敗を決する試合はやらない。どの技も基本的には一対一で練習し（数人のときもある）、一般的にどの技を練習するかは稽古の前から決まっている。

合気道の一番目の文字「合」は、「合わせる」という意味だ。合気道の一番目の原則は争わないことだ。相手の力に力でぶつかる必要はない。合気道は自己防衛的な武道なのだ。

目標は、相手の攻撃に合わせて身体を動かし、相手とぶつかるのではなく一体化したかのように動きを同調させ、それから相手の動きの重心を自分の中心へと移動させる。一度、自分に有利な動きに変えてしまえば、相手を巧みに操って動きを封じるか、投げ技に持ち込むことができる。

合気道の二番目の文字「気」は、訳すのがもっと難しい。気とはエネルギーや精神を意味するが、直感的に理解しなければならない。私は藤平光一先生が創設した心身統一合氣道を習ったが、稽古の前には必ず気にまつわる格言を唱和していた。そのうちの一つは「気」の定義だ。

「ものを数えるときに、私たちはいつも1から数えます。この1を0へと減らすことはできません。というのも、無からは何も生まれないのと同じで、0から1を生み出すことはできないからです。氣は数字の1のようなもの。氣は原子よりも小さく、限りなく小さい粒子でできています。普遍的な氣が凝縮されたものが個人となり、それがさらに凝縮されると臍下の一点となりますが、それが無限に凝縮されても0になることはありません。宇宙と一体化した1になります。私たちは氣の定義をこのように理解しています」

——藤平光一先生

合気道の最後の字は「道」で、これは「（武芸の）道」という意味だ。中国語では、「道教《タオイズム》」の「タオ」と同じ発音だ。日本語では「どう」と発音するが（doeと同じ音）、「みち」と発音することもあるが、その場合は道路を意味する。日本の武芸はよく「道」を使って表現される。たとえば、「柔道」は柔《やわら》の道、「空手道」は空手の道、「弓道」は弓の道、「剣道」は剣の道、「茶道」は茶の湯の道、「書道」は筆または書の道、「華道」は花または生け花の道、「武士道」は武士の道だ。

私が日本で小さな町に住んでいたとき、近所の道場で合気道を教えてくれたのが田中先生だ。武士道の重要な精神の一つである「男らしさ」を是とする真面目な人だった。技をかける際、少し力を入れすぎて生徒に痛い思いをさせることもあった。そんなとき、田中先生はよく笑った。実に独特な笑いだった。笑みは浮かべず、顔は無表情に近かった。口角を下げて、子どもが機関銃の音をまねるみたいに、はははははと声だけを出すのだ。先生が笑うのはおもしろいからではなく、わびる意図でもなく、むしろ倒された生徒が痛がっているのを認識したと伝えるものだった。道場では一切容赦しないことを思い出させるものでもあった。

ある日の稽古でのこと。やっとのことで投げ技がきれいに決まり、私はうれしさのあまり思わず笑みを浮かべたことがある。やってはならないミスだった。田中先生は私を脇に連れ出し、私の目をのぞき込んで、かすかに首を左右に振った。私は笑みをやめたが、先生は私を見つめたままだった。先生は、私が指導をよく理解していないと常々感じていた。先生は深く息を吸い込むと、「武士は3年に一度しか笑わない。笑っても片頬で笑う程度だ」と言った。

鈴木大拙は名著『禅と日本文化』でこう語っている。「用心するとは心底から本気になることであり、心底から本気になるとは自分に誠実になることであり、そして誠実さこそが最終的に人を天の道へと導くのである」[18]。私の笑顔は不誠実さの表れだったのだ。私は二度と稽古中に笑わないよう気をつけた。何年も後に日本でテレビを見ていたときのこと。けがで本場所を休場したモンゴル出身の横綱が、大きな過ちを犯して酷評されていた。どんな過ちを犯したのかって？　サッカーをしながら笑顔を浮かべたのだ。本場所に出場できなかった横綱は、モンゴルに帰国して友人や家族と会った際に、カメラマンによってその笑顔が容赦なく撮られてしまったのだ。

第二次世界大戦後、ルース・ベネディクトは著書のなかで、戦時中のアメリカ人捕虜が日本の捕虜収容所では笑わないよう注意するようになったと述べている。見張りの衛兵を馬鹿にしたと誤解されて報復されるのを恐れてのことだ[19]。捕虜収容所でアメリカ人が笑ったとしても、日本人には関係ないだろうに。そのような不名誉な状況下にいる人が、どうして笑えるだろうか？　一般的に西洋人はこっけいなときに笑う。**驚くべきことに、日本語には英語の「funny」に相当する言葉がない**。この言葉は直接日本語に置き換えられないのだ。その代わりに「面白い」という表現が使われるが、これは「興味深い」という意味だ。奇妙なことに「白い面《おもて》」という漢字が使われる。日本人が改まった場面で笑うときは、居心地が悪いか、戸惑っていることを意味する。

私が日本人の直感思考に気づくきっかけとなったのは、田中先生の指導方法だ。日本で受けた合気道の稽古には、直線思考の私を毎回混乱させる一面があった。それは、先生がどの技も詳しく教えてくれないことだ。私はどうして順を追って教えてもらえないのかがわからず、何かを見落としたのではないかといつも感じていた。田中先生はまず生徒を相手に実演し、それから私たちは皆一礼をし、稽古相手に礼をして、二人ずつ組になって同じ技を練習する。何度も繰り返して練習するのだ。私たちのやり方に問題があると、先生はもう一度実演してくれた。私が正しい型で技を決めると、先生はかすかに唇を結んで顎をくいと上げた。逆にうまく決められないと、先生はかすかに鼻にしわを寄せた。私はまるで飼い主を見つめる犬みたいに、田中先生の表情を読み取ろうとした。

言葉を使わないヒントと果てしなく繰り返される実演によって稽古は進められたが、このやり方は直線思考の西洋とは正反対だ。西洋では、先生が一つひとつの技のポイントを段階的に説明する。こうして、アメリカで受けていたのとは正反対の間接的な指導を受けるなかで、この間接的な教え方が直感力を習得するうえで一つのカギなのだとわかった。

神話研究の第一人者ジョーゼフ・キャンベルは、直感的な理解についてこう書いている。「……仏教の根本的な原則は、仏教は教えられないということだ。いかなる経験も教えることはできない。教えられるのは、経験する方法ぐらいのものだ[20]」。田中先生はわざと教えなかったのだとようやく気づいたとき、私は衝撃を受けた。先生の実演を見てひたすら練習を重ねるうちに、私たちは正確に技を繰り出す方法を自分なりにつかみ、直感的に理解するようになった。この「見て盗む」学習方法は時間がかかるものの、理解もずっと深い。経験から学ぶわけだが、「あっ、わかったぞ！」とひらめくたびに感銘したし、稽古で学んだことは今も忘れていない。これぞ日本の禅宗を根底とした指導方法だ。鈴木大拙はこう書いている。「書物を用いた指導で行うことは、人のなかに備わっているものを気づかせることだ。師匠から弟子へ奥義を伝えることにはならない[21]」。

鈴木大拙は、東洋と西洋の信念体系に見られる大きな違いを指摘している。西洋では、絶対的な真理があると信じられている。真実への道は一つだ。キリスト教、ユダヤ教、イスラム教など宗教や宗派によって様式は異なるものの、西洋人は真実へと到達する手段は一つだと信じる傾向がある。異質なものを組み合わせることはないし、自分が信仰するものこそが世界を理解するたった一つの真実の道だと信じている人は多い。東洋はまったく違う。東洋人は真実へ至る道はいくつもあると考える。私は日本の寺をいくつも訪れたが、ある寺の境内には神社があった。それはまるでカトリック教会の片隅に、北欧神話の神かギリシャ神話の神を祀る小さな祠が建っているようなものだ。西洋では考えられない。

東洋人は、真実を山頂にたとえて考える。山頂は変えられないが、真実に至る道は自分の道でなければならず、その道は何本もある。師匠が技を説明できないのは、師匠の歩む山頂への道が弟子たちとは違うかもしれないからだ。弟子が目標とするべきなのは、師匠が習得したことを学ぶことではなく、師匠が目指すものと同じものを極めることなのだ。

剣術を学ぶプロセスを説明する際に、鈴木大拙はもっとも深い学びとは心で学んだことを本物の学びにすることだと説いている。彼は精神的な鍛錬を書物から学ぶことはできないとしたうえで、「しかし最終的には生命の神秘を悟ることとなる。**悟りはあなたの心のなかからもたらされる**が、それは他からもたらされることはないからだ。他からもたらされた場合、それはあなたの悟りではなく、誰か他の人の悟りだ」と述べている。[22] 深層レベルで習得すれば、その技は潜在意識のなかに残る。戦いのさなかに防御や攻撃をするとき、正しい動きを意識しなくともその技を繰り出せるようになる。考えていては動きが遅くなってしまう。実戦経験を積むことで身体や筋肉が動きを憶え、意識的に頭で考えなくとも動きを再現できるのだ。西洋ではこの状態を「ゾーンに入る」とか「フロー状態」と呼ぶ。日本人は、フロー状態を作り出すために稽古をするのだ。再び鈴木大拙の言葉を引用しよう。「申し分なく完璧に習得すると、心が介入しなくても、身体と手足はそれぞれがなすべき動きを自ら行うようになる」[23]。

日本人の直感的な学び方を理解するまでにかなり時間がかかったが、それにもまして私にとって謎だったのは、田中先生が稽古の途中や最後によく話してくれた禅の話だった。私でも理解できる話もあれば、さっぱりわからない話もあった。直線思考を使っても、話の根底にあるメッセージが理解できなかった。もっとも、田中先生から禅の話を聴くうちに、日本人が直感的な推論で問題解決をしていることに気づいたのだが。

一例を紹介しよう。

昔、泥棒を生業にする父親がいた。父親がだんだんと年老いていく一方で、息子は自分も盗人稼業を学びたいと思っていた。父親は息子の頼みを聞き入れ、あるとき空き巣を狙いに出かけた際に息子を連れて行った。盗みに入った家のなかで、父親は息子を驚かせて、主寝室の押し入れの中に閉じ込めた。息子は押し入れをドンドンと叩いたが、父親は息子を置いて逃げた。まもなく家の住人が戻ってきて押し入れを開けると、中から少年が走り出て窓から飛び降りて逃げた。住人たちは少年を追いかけた。井戸を見かけた少年は、中に石を落として水音を立てた。追っ手が井戸の周りを捜索している間に、少年はまんまと逃げ出すことができた。帰宅した少年は父親に怒り狂った。父親は息子に、これで泥棒になるために必要なことをすべて学んだのだと穏やかに釈明した。父親は息子に泥棒になる方法を教えられなかった。少年が身をもって学び、直感的に理解できるよう仕向けるしかなかったのだ。

田中先生の教え方もまさにこれと同じだった。

田中先生が話してくれた禅の話は他にもある。私が中国へ行くことを知った先生が、私に繰り返し語ってくれた話がある。「ある小舟が別の小舟にぶつかる。ぶつけられた側の船頭は激怒するが、ぶつかってきた小舟には誰も乗っていないことに気づく。怒る相手がいないため、船頭の怒りは収まる。けんかを避けるには、空っぽの小舟になりなさい」。

けんかは二人の人間が互いに腹を立てることで起きるが、どちらかが空の小舟のように穏やかで冷静でいれば争いを避けられる。私は田中先生の話をそう解釈した。この教えは中国に着いてから最初の1か月間でかなり役に立った。ある日、私が自転車で授業に向かっていたときのことだ。正門をくぐったところで誤って別の自転車にぶつかり、乗っていた男性を倒してしまった。男性は大声で私を罵りながら飛び起きた。派手なけんかに発展することを期待したのか、すぐに見物人が群がってきた。男性は私に向かって「ガンドゥ！」と叫んだ。「まぬけ」という意味の上海方言だが、私は「干部《ガンブ》」と呼ばれたものと勘違いした。「党の幹部」を意味する中国語だ。私は空の小舟になろうと精神を集中し、相手に「ガンブと呼んでくださるなんて、ご親切にありがとうございます、でも私はただの凡人なんですよ」と言った。周囲の人たちは大笑いした。私は何度も男性にお礼を言った。彼は私を「ガンドゥ！」と罵り続けたが、けんかにならなかったため、自転車を起こして去って行った。

もう一つ禅の話を紹介しよう。「一人の男が馬にまたがって、全速力で道を疾走していく。道路脇にいた通行人が『どちらへ行かれるのですか？』と尋ねる。男は『わかりません。馬に聞いてください』と答える」。論理的な直線思考に導かれるままに、本心では行きたくもないところへたどり着かないように注意しよう。

私がこの話をふと思い出したのは、中国に来て5年ほど経ったある晩に、寮に一人でいたときだった。周りには中国語や歴史や経済学の参考書や、書きかけの履歴書が何通もあった。ひらめきの瞬間は突然訪れた。私は孤独で間違った目標を追いかけていることに気づいたのだ。愛する女性は日本にいて、私の気持ちを知らずにいた。私はすべてを中断して彼女への想いの丈を手紙にしたため、それから3年たらずで私たちは結婚した。

こんな逸話もある。ある先生が禅寺の僧を訪ねた。僧はお茶を淹れ始めたが、湯飲みからあふれるまで注ぎ続ける。先生が僧に注ぐのをやめるよう伝えたところ、僧は「この湯飲みはあなたに似ている」と言う。「意見や考えであふれかえっていて、私のいかなる言葉も入る隙がない」と。

23歳で典型的な知ったかぶりのアメリカ人だった当時の私は、痛いところを突かれると同時に、自分の知識や先入観から、物事を勝手に想定したり、決めつけたり、判断したりしてはいけないと肝に銘じた。この話を思い出しては、自分が知らないことはたくさんあるのだから、学ぶための余地を作ろうと心がけた。この逸話のおかげで、外国人の私には日本が理解できないと批判するのをやめ、他の人の考え方を知りたいと思えるようになった。今も新たな状況に直面するたびに、「空っぽの湯飲みになれ」と自分に言い聞かせている。

もう一つ。「1本の木が成長したが、まっすぐ伸びておらず、ねじれている。みにくい木だ。木材にしてもいい香りは漂ってこない。その木は役に立たないため、切り倒されることなくやがて大木に成長し、すばらしい日陰を提供してくれている」。

これは古代中国から伝わる道教の話だ。この話を聴いた私は、物の価値を早急に判断してはいけないと肝に銘じた。最初はさほど良さそうに見えないものでも、独自の美しさや実用性があるかもしれないし、欠陥に見えるものが実は強みだったということもある。直線的に理詰めで考えていては、そのことに気づかないかもしれない。

最後に、私がどうしても理解できなかった話を紹介しよう。「一人の男が虎に追いかけられている。虎から逃れようと、男はつるにぶら下がって崖を下りる。2匹のネズミがそのつるをかじり始める。ここで崖の上に戻ったら、虎に食われてしまうだろう。このましがみついていたら、落ちて死ぬだろう。その時、男は崖にイチゴが生えていることに気づいてそのイチゴを食べた。イチゴはあまくておいしい」。その話をした後、田中先生は無表情で私の目を見つめた。それからぶっきらぼうな声で「わかりましたか？」と尋ねた。田中先生はぽかんとした私の表情を見て、「おそらくノーですね」と自分の質問に自ら答えた。その通りだった。この逸話とその後に経験したさまざまな戸惑いが、私を禅の学びへと駆り立てることとなった。

第4章　日本文化における禅とマインドフルネス

ご存じかもしれないが、「禅《ぜん》」は中国語の「禅」を日本語読みした言葉だ。そして中国語の「禅」は、サンスクリット語で「黙想」を意味する「dhyana（ディヤーナ）」を中国語に音写したものだ。黙想すべきこと――万物に宿る聖なるもの――を黙想するという意味だ。[24]

――ジョーゼフ・キャンベル

日本人は、真理へと続く道が何本もあると信じているため、日本の社会ではさまざまな宗教が同時に信仰されている。日本人は生まれたときは神道信徒、結婚式ではキリスト教徒、日常生活では儒教徒、死ぬときは仏教徒だと誤解されるほどだ。

インドで生まれた禅宗は抽象的だ。一方、日本で生まれた神道は、非常に具体的な宗教だ。神道は森羅万象を崇拝する自然信仰であり、この思想が日本社会の土台を形成している。

神道に加わる形で、儒教が6～7世紀に中国から日本に伝わった。儒教は本質的には宗教ではなく倫理体系だが、その忠誠心と上下関係を重んじる傾向が日本人の共感を得た（中国の儒教と日本の儒教の違いについては、中国に関するセクションで説明しよう）。仏教も6～7世紀頃に中国から日本に伝来したが、本格的に普及したのは、12世紀に武士が熱心に取り入れてからだった。

禅宗は現在の日本で広く実践されているわけではないが、日本文化に多大な影響を与えている。日本で禅の修行をする人は、この道を専門とする人たちだ。禅は究めるのに何十年もの修行が必要であり、ごく少数の選ばれし人のためのものなのだ。とはいえ、ごく一般的な日本人も一生を通して深く禅の影響を受けている。デザインのシンプルさ、質素倹約に満足を見いだすこと、気配りや感性を磨くこと、今という瞬間に集中すること、直感的に学ぶこと、これらすべてが日本の文化に深く浸透している。日本人は茶道、華道、書道、盆栽などの伝統芸能や武道を通して禅の思想を身につける。

禅によって導かれる無心の境地について、鈴木大拙は次のように書いている。

「日本では、おそらくは他の国でもそうだろうが、単に芸術を芸術的に知るだけでは、真にそれを熟達するには不十分である。その精神に深く入らなければいかぬ。この精神は、彼の心が生命それ自体の原則と完全に共鳴したときのみ、すなわち、『無心』として知られる『神秘的』な心理状態に達するときにのみ、把握される」[25]。

「無心」という概念は禅を理解するのに不可欠だが、しばしば誤解されているように私は思う。無心の「無」という字は「空虚」という意味だ。2番目の「心」は「心《ハート》」を意味するが、ここでは心臓でも愛でもなく、精神《マインド》を表す。それも頭のなかの論理的な知性だけでなく、身体全体に備わっている意識も含めたマインドのことだ。無心という言葉は「空の心」とか「空の精神」を意味するため、心を完全に空にすること、すなわち一種の「心ここに在らずの状態《マインドレスネス》」だと解釈される。だが、これは間違いだ。正しい解釈は「心が研ぎ澄まされた状態《マインドフルネス》」という、近年西洋で流行っている概念だ。

心が深く静まった無心状態になると、脳の働きが活発になり、脳内のネットワークが活性化する。心をリラックスさせれば、そのような状態に入ることができる。心をクリアにしようと意識すると、意識が次から次へとあちこち飛ぶことに気づく。雑念がわく状態、いわゆる「モンキーマインド」だ。だが、十分に訓練すれば、心のなかにいるモンキーを落ちつかせて、あらゆる雑念を追い払えるようになる。すると、明鏡止水ともいうべき穏やかな心の状態になる。このとき目指すべきは、マインドレスネスではなくマインドフルネスだ。そして、マインドフルネスの状態になれば、世の中をあるがままに受け止めることができる。

マインドレスは受動的だが、マインドフルは能動的な状態だ。無心とは、明澄な意識を持った能動的な心の状態だ。何も考えていないぼんやりした状態のことではない。座って瞑想を行うのはそのためだ。クリアな精神状態を求めて横たわっても、すぐにうとうとしてしまうだろう。坐位を取ることで居眠りを防げるし、リラックスした精神状態を保ちやすくなる。瞑想を何度も練習すれば、積極的に何かをしながらでも、マインドフルネスな状態を維持できるようになるだろう。

江戸時代の俳人、松尾芭蕉の有名な一句が、このマインドフルな瞑想状態をうまく捉えている。「古池や　蛙飛び込む　水の音」。心地よい句だ。気持ちをリラックスさせてくれる。だが、この一句には深い意味が込められているため、心の奥深くで直感的に理解しなければならない。古池は永遠を表している。飛び込むという蛙の行動は一時的な行動だ。水の音は、生命が存在することを示す一瞬を表している。このとき、限りある時間と永遠が一つになる。一瞬と永遠が交差するイメージに似ている。

西洋の直線思考では、永遠を長い月日のことだと考える。未来へと果てしなく広がり続ける時間のことだ。しかし時を循環的に捉える文化では、永遠は時間の概念を超える。時間を閉め出してしまう。心が永遠を測ろうとしても、概念化できるものではない。それが永遠だ。

時が循環するという概念は、日本や中国の美術にも見られる。西洋絵画と違って、東アジアの伝統的な絵画では、枠の隅々まで絵の具で塗りつぶすことはない。どこかに必ず無色の部分、空白の空間がある。中国人画家なら雄大な山と川を描き、日本人画家なら３匹の蛙や鶴などを描くだろう。だがどちらの画家も、メインとなる風景の周りの大きな空間には何も塗らずに空けておくだろう。この空白は虚空、あるいは生命が生まれては戻っていく永遠を表している。

中国人や日本人が蛙や鴨を描くとき、それは特定の蛙や鴨を描いたものではない。「蛙」や「鴨」の漢字も特定のものを表すものではない。彼らの絵や漢字は、蛙や鴨の普遍的な象徴なのである。循環する時間の枠組みのなかでは、どんな蛙も鴨も、擬人化された個々の存在ではない。このような個性の欠如は人間にもあてはまる。自我を手放して自然の流れと調和しながら行動するという思想の背景には、この信念体系がある。東洋の社会では個人よりも集団を重視する傾向があるが、その一因はこのような自我にあまり重きを置かない考え方にある。

西洋のような直線的な思考の枠組みでは、どの蛙も、どの鴨も、どんな人も、どんな瞬間も、唯一のものだ。そのため西洋絵画には永遠を描く場所はなく、枠内の隅々まで絵の具で塗り尽くす。この傾向は、自我と今という瞬間は唯一無二だと強調する西洋の考え方と関係している。だが、東洋はこの独自性を重視していない。座禅は、人の心をクリアにするだけでなく、自身と永遠との関係や宇宙における自身の役割を直感的に理解するのにも役立つのだ。

禅を少しかじったところで、私はすでに『スター・ウォーズ』で禅の思想に触れていたことに気づいた。もっとも、当時は禅の要素に気づいていなかったが。劇場公開された『スター・ウォーズ』は大ヒットした。この映画は幅広い年齢の観客の心の奥底に訴えかけた。この象徴的な映画に描かれている禅の思想の教義を、私なりに解明したい。

オビ＝ワン・ケノービは伝統的な武士をモデルにしている。服装は、和服にならって右身頃の上に左身頃を重ねている。ジェダイとしての信念からレーザーガンではなく、彼がもっとも洗練された神聖な武器とみなすライトセーバーを使っているが、これは武士の刀を彷彿とさせる。さらに、その名前も武士のような響きがある。「オビ」とは、着物に巻く帯を指すからだ。

武士の文化に対するオマージュはオビ＝ワンだけではない。ダース・ベイダーが被っているヘルメットは、明らかに武士の兜をまねた物だ。ヨーダは日本人の名前が由来になっている。ヨーダが話すときは、正確な日本語の文法を使うわけではないが、主語と目的語と動詞を倒置させ、日本語と同じように動詞で文章を終わらせることが多い。たとえばルークに話しかけるときに、「Mud hole? Slimy? My home this is!（泥穴？　ぬるぬる？　わしの家だ、ここはな）」、「Found someone, you have（ならばもう見つけたわけだな、おまえは）」、「It is the future you see（未来だよ、おまえが見ているのは）」などと言う。だが、ヨーダのモデルは侍ではない。それよりはるかに時代を遡った禅の権化、すなわち古代中国の異端児だった道士である。ヨーダは、喧噪を逃れて未開の大自然のなかで隠棲していたし、侍がモチーフだったらあんなに笑わないだろう。

　ジョーゼフ・キャンベルは、中国人と日本人の違いを次のように浮き彫りにした。「中国人の理想像は、集団の方針に従わない老人、知恵のある老人で、一種コミカルな性格から人生観がにじみ出てくるような人物だ。一方、日本人の理想像は、武士道を体現するような人物だ[26]」。

『スター・ウォーズ　エピソード5／帝国の逆襲』のなかで、ヨーダは「現在に集中する」という、日本の禅のなかでも重要な原則を強調している。ルークから訓練をつけてほしいと請われたヨーダは次のように答える。「資格があると？　ひよっこに何がわかる？　わしゃ800年にわたり、ジェダイの騎士を訓練してきた。誰を訓練すべきか、わしの判断で決めるわい。ジェダイには忍耐と実行が欠かせない。そして純粋な魂が。この子を長い間見守ってきたが、**この子の目ははるか彼方を見ておる……遠い未来を、地平の彼方を。今ある現実を正しく見つめようとはしておらん。ふん。これまで何をしてきた？**（ヨーダは杖でルークをつつく）ふん。冒険だ？　はんっ。スリルと興奮？　はんっ。ジェダイはそんなものは求めておらん。おまえには思慮が足りん」。

仏陀も同じようなことを言った。「過去はすでに去り、未来はまだ来ていない。あなたが生きるべき瞬間は一つしかない、それは今この瞬間だ」。さらに仏陀は「過去にこだわらず、未来を夢見ず、心を現在に集中させなさい」とも説いている。３００年前に書かれた武士の修養書『葉隠』にはこう書かれている。「端的只今の一念より外はこれなく候（ずばり、この今の清明な心に徹する以外には何もない）[27]」。

3章で、かろうじてつるにぶら下がっている男がイチゴを味わって食べた話を紹介した。この話は、人生の不安定な性質を表したものだ。つまり人間は、過去に対する憂うつな思いも、未来に対する不安も気にかけず、現在に集中することに専念すべきだ、ということだ。

キャンベルは著書『Myths of Light（光の神話）』（未邦訳）のなかで、あるエピソードを紹介して、現在に集中するという教訓に結びつけている。ある剣道の先生が生徒たちに、どんな方法を使ってもいいから自分を驚かせることができたら、みんなの前で頭を下げると提案した。生徒たちはいろんないたずらを試みたものの、うまくいかないまま何日も過ぎた。ある日、先生が泥だらけの裸足で外から帰って来ると、10歳の生徒に、足を洗いたいからたらいに水を入れて持ってきてくれと頼んだ。少年はお湯の入ったたらいを持ってきたが、先生がその温度を確認したところ、お湯は熱すぎた。先生は、もっとぬるいお湯を持ってきてくれと少年に頼んだ。その生徒は、戻って来てもう一度先生の足下にたらいを置いた。先生はたらいを見ずに足を突っ込んだが……もうもうと湯気の出るたらいからすぐに足を引っ込めた。即座に先生は少年に深々と頭を下げた[28]。この話の教訓は、幼い少年ですら現在に集中できるということと、先生ですら一番幼い生徒から学ぶことがあるということだ。

『スター・ウォーズ』に出てくるフォースの概念は、日本語と中国語の「気」の概念にかなり近い。シリーズ5作目の『帝国の逆襲』のなかで、ヨーダはこんなことを言う。「大きさは問題ではない。わしを見ろ。わしを大きさで判断するのか？ そういうことでは到底だめだ。わしにはフォースがついておる。それは強力な味方じゃ。生命が作りだし、大きく育てた。フォースはエネルギーじゃ。我々を取り巻き、結び付けておる。われらは輝ける存在。こんな粗野な物ではない。良いか？ 周囲に満ちたフォースを感じるのじゃ。

ここにも、ほら、あそこにも。そこにも。木にも、岩にも……至る所にある。そうとも、この大地と船の間にもフォースはある」。鈴木大拙は、気とは「宇宙全体に浸透する、感知できない繊細なものだ。ある意味でそれは精神と調和するものであり、天と地の息づかいでもある」と定義している[29]。

『スター・ウォーズ』は、直感という禅のもう一つの重要な要素にも触れている。『エピソード4／新たなる希望』のなかで、ライトセーバーの訓練中、オビ＝ワン・ケノービは目の前が隠れた耐火ヘルメットをルークにかぶせて視覚を遮った。そして「それじゃあもう一度やってごらん、ルーク。ただし今度は視覚に頼らないで。直感だけを頼りにするんだ」と促す。ルークは「これじゃ何も見えませんよ。どうやって戦うんです？」と尋ねる。オビ＝ワンは「目が見えるとかえって惑わされる。気持ちをもっとリラックスさせろ」と答える。『スター・ウォーズ』は映画の世界なので、ルークはオビ＝ワンとヨーダからほんの数回訓練を受けただけで直感思考をマスターする。だが真の武士は、一生涯をかけて自身の直感を磨いたことだろう。

　鈴木大拙は禅、剣道、直感について説明した際に、斬り合っているさなかに考えようとすれば、殺されるだろうと述べている。「行動はすべて、意識にコントロールされない、当人の心のメカニズムから来るものでなければならない。知的にではなく、直感的に行動しなければならないのだ[30]」。よって禅とは深い内的な体験であって、教典や講義やその他の外からの定型的な教えに従うものではない。禅は直感的で経験的なものなのだ[31]。

　禅は内なる経験に根ざしているため、外部からの教えを寄せつけない。仏陀の言葉に忠実に従う必要もなければ、禁欲的な修行に厳格に励む必要もない。本質的に、自分よりも偉大で手本とすべき人はいない。日本人にとっての「悟り」という概念は、直感的な理解に端を発しているのである[32]。

『帝国の逆襲』のなかで、ヨーダは理性を排除して直感だけを使った特訓を行う。ルークは善と悪をどう区別すればいいのかとヨーダに尋ねる。するとヨーダは「心を平静に、無の境地で開けばのう。ジェダイは知識と防御のため、フォースを用いるのじゃ。攻撃のためではない」と答える。ルークが「でもなぜその力を……」と言うと、ヨーダは「ああ、これ。なぜはなしじゃ」とぴしゃりと言う。禅にまつわるある実話では、禅の先生が途中で生徒を叱り、直感で理解すべきものを理性で理解しようとするなと諭したという。「禅は知性主義よりも知覚を重んじる。真理へと到達する道のりは直覚の方が近道だからだ[33]」。

　キャンベルは、前述のものとは別の剣道の話のなかで、直感的な習得にも触れている。日本では、稽古の一環として、剣道の先生が弟子の不意を突いて竹刀で叩くという。そのため弟子は昼夜を問わず、ごく日常的な雑用をしているときですら、先生の不意打ちに備える。だが、常に警戒し続けることはできないため、弟子たちが学ぶべきことは「**ゆるぎのない集中力と自発的に反応できる状態にならなければならない**。それが剣道の基本的な教えである」[34]。

禅には、本気で打ち込まなければならないという一面もある。映画『帝国の逆襲』で、ヨーダがルークに言った有名なセリフがある。「そうではない。やるか、やらぬかだ。試しなどいらん」。映画『ベスト・キッド』で、偉大な禅師ミヤギも同様のことを口にしている。空手を学ぶ覚悟はできたかと尋ねられて、ダニエルは「たぶん」と答える。するとミヤギ先生は「空手はやるか、やらないかのどちらかだ。中途半端にやると（ぶどうを握りつぶすジェスチャーをして）グシャだ」。

集中力を高め、現在を意識し、全身全霊で打ち込む——こうした要素がなければ直感思考は磨かれない。東洋の思想家たちは、夜の池のように心を静めなければならないと言う。そうして初めて水面に月の形が正確に映し出されるからだ。水面がゆらゆらと揺れたり、波打ったりするようでは、月影がゆがんでしまう。同じことは人間の心にもあてはまる。次から次へと雑念がわくことなく静かで澄みきった心のときだけ、潜在意識は身体や意識と通じ合えるようになるのだ。

禅の直感には、無意識のうちに会得できるという一面もある。映画『ベスト・キッド』

にそんな場面がある。禅師のミヤギは、ダニエルに車のワックスがけ、床磨き、フェンスのペンキ塗りをさせる。ダニエルはこうした雑用を通して防御する方法を本能的に学ぶのだが、当の本人はそのことに気づいていない。雑用を通して潜在意識に技の動きが刻み込まれた結果、何も考えずに技を繰り出せるようになるのだ。

ダニエルは、むしろ何も考えない方が効果的に技を繰り出せるだろう。というのも、技を学ぶ際に、何のための動きなのかを意識しなかったからだ。彼は学習しようとか練習しようと意識することなく、習得して実践した。このことが重要なのは、理性は意図的な動作のため、反射や無意識的な反応よりも遅くなるからだ。理性はストレスや恐怖を感じると鈍る。そのため戦うときは、意識的な決断や行動よりも、鍛え抜かれた反射神経の方がはるかに信頼できるのだ。

『スター・ウォーズ』には、もう一つ禅のおもしろい面が描かれている。真実は相対的なものだ、という考え方だ。6作目『ジェダイの帰還』のなかで、ルークとオビ＝ワンが意味深長なやり取りをする。

オビ＝ワン：私は嘘は言っていない。要は見方の問題だ。

ルーク：見方の問題ですって？

オビ＝ワン：我々が考えている真実のほとんどは、見方によってどうとも変わるものだ。

仏陀は「単独で存在するものなどない。あらゆる物はほかのあらゆることと関係している」と言った。

私の世代の『スター・ウォーズ』ファンの間では、ジョージ・ルーカスが『エピソード4／新たなる希望』の銃撃シーンを改変したことが物議を醸している。劇場公開されたときのオリジナル版では、ハン・ソロが最初にグリードを撃つ。ところがルーカスは、この場面を直線思考に沿った単純な道徳観、すなわち善と悪が完全に分離した世界観で、善悪や正誤がはっきりしたストーリーへと変えようとしたのだ。オリジナルのシーンは、禅や東洋的な人生観にはるかに合致するものだった。私たちと同じように、ハン・ソロのなかには良い面も悪い面もあった。チベットの芸術作品には、恐ろしい怪物が描かれる。このような怪物は皆の心のなかにいる。ニーチェも「あなたのなかの悪魔を追い出すときは注意しなさい。あなたのなかの最善のものまで追い払わないように」と警告している。禅では、自分の本質のなかにある善悪のバランスを取って、一番良い資質を活かせるような生き方をしなければならないと説く。

ルーカスは、善悪がはっきりした短絡的な西洋的な考え方に戻って、前述の場面をグリードが先に撃ったと書き換えた。だがそれはハン・ソロの本当の姿ではない。ハン・ソロが最初にグリードを撃ったのは、彼が自分の命を最優先して生き延びた者だったからに他ならない。そういうタイプの人間だったからこそ、映画の後半でルークを救うために戻ると決断したことが、あれほど英雄的な行動に見えたのだ。自己犠牲を厭わないルークの姿勢が、ハン・ソロに良い影響を与え、彼のなかの英雄的な一面を呼び覚ましたのである。

第6章　速い思考、遅い思考、禅の思考

私はこれまでに西洋人から禅の思想を説明してほしいと何度も頼まれたことがある。そこで、西洋文化のなかで禅に似た例をいくつか見つけることにした。

ほとんどの人は、タイピング技術を向上させたいという目標を口にすることなく、キーボードの打ち方を覚え、何年、あるは何十年も実践し続けている。学校のレポート、職場の報告書、あるいは友だちへの電子メールなどをタイプしながら、目標として掲げなくても徐々にタイピング技術を向上させている。

私が思うに、多くの西洋人はキーボードを打つときに禅マインドを駆使している。心が指にこのキーを押せと命令するわけではない。指がキーの場所を覚えているのだ。実際、手の動きを意識しながら打つよりも、無意識で打つ方がずっと速くタイプできる。このキーを押しなさいと意識しながら一文字ずつ打つところをイメージしてほしい。スピードがぐんと遅くなるだろう。タイプする間は、自我は介入してこない。心は意識にコントロー

ルされることなく、現在に集中しながら直感的に行動する。心が他のことに集中していても、身体が勝手に動くのだ。

日本人の禅マインドを正しく理解してもらうために、こんな場面を想像してほしい。誰かがあなたの頭上で刀を構えて、入力スピードがあまりに遅いとおまえの首をはねるぞと脅し、その下であなたは1分間に60ワードを打っている。キーも頭上の刀も忘れてひたすらタイプに集中できれば、それが「禅マインド」だ。自我や支配欲を捨て、そのような心の状態で自分の人生を全うすることを想像してみてほしい。

禅の境地は、一見瞑想とは無関係に思える活動中に起きることがある。鋭利な包丁で食べ物を切るとき、心は目の前の包丁に集中するほかなく、くよくよしたくなるような過去の苦い思い出も、はらはらしそうな将来への不安も、すべて忘れてしまう。野球をやったことがある人なら誰でも知っているが、打席に入ったとき、知性に頼っていてはバットを振り遅れてしまう。ピッチャーは豪速球を投げてくる。バットを振ってうまくボールに当てるには、身体が練習通り直感的に反応しなければならない。これが禅マインドだ。偉大なジャズミュージシャンも禅の思想を彷彿とさせる。何十年も演奏に打ち込むうちに、彼らは真の禅感覚で身体の中心から自然に湧き出るように演奏する、革新的な達人へと成長するのだ。

鈴木大拙が語っているように、禅の哲学を実践することとは、ある技術を学び習得して次のステップ、すなわち技術のことは忘れて目の前の対象に没頭できる状態に移行することだ。そのとき私たちは、目に見えるものを超越して、生命の深い神秘に触れ、真の達人や芸術家になっていく。[35]

西洋人は、直感思考には何かがあると気づき始めたところだ。２０１２年に配信されたＢＢＣニュースの記事「お腹のなかにある第二の脳」によると、人間の腸内には１億超の神経細胞があるという。これは猫の脳内にある神経細胞の数に匹敵する。[36]つまり、頭だけでなく腸内（gut）でも重要な認識作用が起きているということ、さらには私たちがよく使う「trust our gut（直感を信じなさいの意）」や「I have a gut feeling（予感がするの意）」などの言葉には、もっと深い意味があることを示唆している。日本人ははるか昔からそのことに気づいていた。日本語では、隠し立てせずに率直に話すことを「腹を割る」と表現する。人の考えがわからないときには、「腹が読めない」と言う。「腹芸」は、言葉を使わずに考えや意図を人に伝えることだ。何かを決心したとき、または穏やかで冷静なときは「腹ができている」と言う。怒り心頭なときには「腹が立つ」と表現する。ずるい人は「腹が黒い」、卑劣な人は「腹が腐っている」と言われる。日本人が切腹するときに刀で腹を切るのは、腹部に霊魂が宿っていると考えられているからだ。

２０１７年に情報サイト「QUARTZ」に掲載された記事「直感は知性よりも強力だ、しかも簡単に伸ばせる」には、直感が論理を上まわったさまざまな例が詳しく紹介されている。[37] ある実験では、被験者がトランプゲームをやったが、２組のトランプのうちの１組はゲームで有利になるよう細工がされていた。被験者たちはトランプを50枚手に取ったところで2組のトランプが違うことを、80枚目でその違いに気づいた。ところが、不利な方のトランプに10回手を伸ばしたところで、手のひらが汗をかき始めたのだ。つまり被験者の神経系は、知性よりも早くその事実に気づいたということだ。著者は「これは科学だ。直感は心のなかに備わった強力な力であり、これを使えば私たちはより良い判断がしやすくなる。幸いにも直感はスキルであり、直感力の高い人たちの習慣を実践すれば磨くことができる」と結論づけている。その習慣とは――

●ペースを落として、内なる声に耳を傾ける
●他の人が何を感じているかを直感的に意識する
●マインドフルネスの実践、つまり今という瞬間に集中する
●創造力を育む
●直感を信じる
●夢を分析して、手がかりを探す

　ダニエル・カーネマンは、名著『ファスト&スロー』のなかで、二つの思考の違いを実に見事に説明している。「速い思考をする直感的なシステム1と、遅い思考をする熟考型のシステム2である。システム2はシステム1の監視も引き受け、限られたリソースの中でできる限りの制御を行う」[38]。直線的で論理的な視点から見ると、この基本概念は道理にかなってはいるものの、私には禅的な直感的論理、すなわち瞑想的な思考が欠けているように思われる。将来、誰かが『ファスト&スロー&禅』と題する本を書いてはどうだろうか。

『ファスト&スロー』のなかで、カーネマンは直感思考を認識しているものの、速い思考の枠組みのなかの一部にすぎず、「たちどころに」「自動的かつ瞬時に」起きると考えている[39]。直感思考はシステム1の一部とみなされているのだ。彼は遅い思考のシステム2でも直感が働く可能性があることを認識していない。

　カーネマンは直感を価値あるものとみなしつつも、大きな但し書きをつけている。「初めて遭遇する局面の中に慣れ親しんだ要素を見つけ、それに対して適切な行動を起こすことを学んだとき、いざというときに役に立つ直感が育まれる」[40]「その直感が十分に規則性の備わった環境に関するものであって、判断をする人自身にその規則性を学習する機会があったのなら、連想マシンがすばやく状況を認識して正確な予想と意志決定を用意してくれるだろう。この条件が満たされているなら、あなたはその人の直感を信用してよい」というのだ[41]。

カーネマンは直感思考の典型例としてチェスを挙げている。一流になるうえで必須条件といわれる1万時間の特訓を積むと、チェスのマスターはチェス盤を一目見るだけで最善の一手がどれかわかるのだという[42]。

日本人の直感思考はこのチェスの例と同じだ。何かに打ち込み、マスターすれば、それに対して信頼できる直感が働くようになる。違いは、日本人が直感をふと沸き起こる考えやひらめきだと認識しているだけでなく、時間をかけてじっくりと沈思するタイプの直感思考も使うことだ。後者の場合、正しい気づきはすぐには訪れなくても、何時間、何日、あるいは何年も深く集中して考えるうちに気づきがあるだろう。カーネマンは「直感」を速い思考としか認識していなかったが、私は禅のように時間をかける思考から生まれる気づきも直感に含めるべきだと思う。

禅は遅い思考にあてはまる

禅のようにじっくり意識を集中する直感思考は、カーネマンが『ファスト&スロー』で論じた基本概念にはあてはまらない。カーネマンは、遅い思考について「このプロセスは知的作業にほかならない。熟考、努力、秩序を要する」と書いている[43]。この前提からすると、直感思考は熟考も努力も秩序もいらないことになるが、日本人は一般的に直線的に推論しないし、彼らの遅い思考には直感が伴う。実際、日本人がシステム2の直感思考で考えるときは、高い集中力を伴う。

日本人が生け花（書道、盆栽、茶道でもいいが）に集中するときは、熟考的かつ集中的な遅い直感思考を使って取り組む。これと同様の光景は製造業でも見られる。小型のディーゼル・エンジンや産業用ロボットのアルゴリズム、精密な視覚センサーの開発に何十年も取り組む日本の技術者は、集中的な直感思考を駆使して革新的な発明に成功することがある。こうした技術者たちは、ディーゼル・エンジンの作り方や、新幹線のノーズ部分の調整方法を理論的に学ぶことはない。その代わりに何十年も仕事に没頭して、的確な製造方法を感覚的につかむことで熟練の職人になるのだ。

この矛盾の興味深い例として、インドの偉大な数学者シュリニヴァーサ・ラマヌジャンが挙げられるだろう。

恩師のイギリス人教授G・H・ハーディは、ラマヌジャンの独創的な解について「論証と直感と帰納法が入り交じった思考プロセスから得られたもので、彼自身も首尾一貫した説明ができなかった」と語ったことはよく知られている。[44] イリノイ大学で数学を研究し、『Ramanujan's Lost Notebook（ラマヌジャンの失われたノートブック）』（未邦訳）の著者でもあるブルース・C・バーント教授は、ラマヌジャンの成果がようやく現代数学と物理学の分野で認められて高く評価されたと述べた。というのも、ラマヌジャンの定理の大多数が正しいことが証明されるまでに40年以上かかったからだ。

　確かに、ラマヌジャンの類い希な直感思考は、速い・遅いで表現できるものではない。彼は卓越した直感思考家ではあったが、直線思考を使わない他の研究者と同様、自身の定理を論理的に証明できなかった。論理的な証明がなかったために、他の数学者たちはラマヌジャンの偉大な発見にたどり着く道筋を段階的に学ぶことができなかった。産業革命の頃に世界中が発展へと向かうなか、西洋が主導的な立場に立つ一方で、非直線思考の国々が大きな遅れをとったのは、先人たちが技術を論理的に説明できず、後継者たちが技術を継承できなかったからだ。

　もちろん私は、カーネマンが『ファスト&スロー』で主張したことを否定するつもりはない。彼の説は、今も西洋の直線思考家たちにとって非常に有意義だ。言うまでもなく、彼が指摘したさまざまなバイアスは今も残っている。西洋では、遅い思考の方が速い思考よりもずっと信頼されているし、「直感的な論理」は信頼性が乏しいままだ。速い思考や直感が信頼を得るには、カーネマンが定義したように「直感が十分に規則性の備わった環境に関するものであって、判断をする人自身にその規則性を学習する機会があること」という前提条件をクリアしなければならない[45]。

直感思考への近道はない。他方で、もし西洋の直線思考家たちが、前述のスティーブ・ジョブズのように直感思考を磨けば、彼らはもっと良くなるし、直感からインスピレーション、導き、そして新しいアイデアがたくさん生まれるだろう。近年、西洋では瞑想が再燃していることから、そんな日が来そうな兆しが感じられる。東洋で広く行われている瞑想は、直感的な洞察という恩恵ももたらしてくれるだろう。

私が日本の直感思考から学んだことは、自分のなかの内なる声に耳を傾けたり、朝、目覚めたときに真っ先に思い浮かんだことをメモしたりすれば、難しい問題に対する自分の意見がはっきりして、何をすればよいか理解できるということだ。実際、この本の執筆中にもコンセプトの段階で行き詰まったことが何度もある。そこで、心がもっとも創造的になる睡眠時間を利用して行き詰まったテーマについて集中して考え、目覚めたときにどんな解決策が思い浮かぶか何度もやってみた。私がうまく書けたと思った部分のいくつかは、ベッドで横になっている間に浮かんだものだ。この方法を試すときは、一日の慌ただしさにまぎれてひらめいた内容を忘れないうちに、メモに書きとめるといいだろう。

第７章　物事を文字通りに受け取る日本人

日本人はユニークな民族に他ならない。島国である日本は、２００年以上もの間、意図的に国を閉ざして国交を絶った。１６３９年に江戸幕府が鎖国政策を採ったからだ。日本人は海外への渡航を禁止され、外国人は入国を禁じられた。唯一の例外として、長崎の出島を通じてオランダ人商人の出入りが許された。その結果、１６４０年頃から１８５０年頃まで日本は海外からの影響をほとんど受けずに発展した。こうした背景から、日本の文化は他国の文化よりもユニークだと感じる日本人は多い。ジャーナリストのカレル・ヴァン・ウォルフレンは次のように書いている。「日本人のあいだでは、自分たちの文化はユニークだということが、ほとんど信仰のようになっている。それも、すべての文化はユニークである、という意味でのユニークさではなく、（中略）ほんとうにユニークなユニークさである」[46]。

日本人のユニークさの一つは、直感的で柔軟性のない考え方だと私は思う。幸運にも、私は世界のさまざまな国の人たちと働く機会に恵まれたが、日本人以外にこのような考え方をする人に出会ったことがないし、これは日本人ならではの特徴のように見える。

　もっとも、柔軟性のない、いわゆる硬直的な考え方をする外国人には会ったことがある。以前、スイスのドイツ語圏にある企業で働いていたとき、周りの同僚が硬直的な考え方をすることに気づいた。といっても、硬直的な直感思考ではなく、硬直的な直線思考だ。ドイツ系スイス人だった私の上司は柔軟性を欠くあまり、彼の話を私が口述筆記した際に、８ページの６行目のコンマを１か所打ち忘れただけで絶叫するほどだった。ディテールまでこだわるその注意力は驚くべきものがあった。アメリカ人の私は、上司が文書のなかで伝えたがっていた重要な点にもっと注意を払いたかったが、彼は完璧な形にしたがった。スイス人が高性能な時計をはじめ精密機器の製造に長けている理由はここにあったのだ。一緒に働いた１年間で彼が一度でも人を笑わせようとしたことがあったか、思い出せない。こうしたディテールへの極端なこだわりとユーモアのセンスのなさは、日本人を彷彿とさせる。

　日本ならではの硬直思考を解明するには、日本が第二次世界大戦で降伏したときのエピソードを紹介するだけで事足りるだろう。戦争の終盤にさしかかる頃、連合国側は日本が１９４５年内に降伏せずに文字通り最後の一人が死ぬまで戦うのではないかと気をもんだ。

ルース・ベネディクトが指摘したように、「見込みのない状況下では、日本兵は最後に残った手榴弾で自決するか、あるいは武器も持たずに敵軍に突撃し、集団自決的な攻撃を敢行するべきとされたのだ。しかし降伏はするべきではなかった」からだ。[47] だが、降伏してはならないという義務感よりも、天皇への忠誠心の方が強かったのは幸いだった。ヴァン・ウォルフレンは「まず第一に、日本人の忠誠心はもっぱら集団や人に対するものであり、信条や抽象的概念には向けられない」と、西洋との違いを強調している。[48] 終戦の際、昭和天皇が玉音放送で日本が降伏したことを告げると、全国民が天皇の指示を文字通りに受けとめ、武器を捨てて驚くほど従順に降伏した。昭和天皇は終戦の詔書《しょうしょ》のなかで「戦局必ずしも好転せず」と述べたが、いかにも日本人らしい控えめな表現と言えるだろう。

　日本人の硬直思考が度を超えるとどうなるか。小野田寛郎《ひろお》という日本兵の実話がいい例だ。第二次世界大戦中にフィリピンで戦っていた彼は、日本が降伏したことを一度も知らされなかった。で、どうしたかって？　なんと、終戦後も29年間フィリピンのジャングルで戦闘を続けたのだ！　最終的に一人の日本人旅行者が小野田を見つけて、30年ほど前に戦争が終結したことを教えた。だが、小野田寛郎の硬直的思考は、その情報だけでは納得しなかった。任務解除命令を受けていないことを理由に、兵士として戦い続けたのである。結局、日本は彼の元上官を探し出して軍服を着せ、フィリピンのジャングルに派遣して、小野田に降伏するよう口達させた。そこでようやく小野田は武装解除したのである。

日本人の硬直思考を表す有名な話がもう一つある。都市伝説かもしれないが、私はあり得ると思う。1980年代、ある米国企業が日本の企業に部品の製造を依頼した際、不良率を0・03%にとどめるよう明記した。日本企業側はその要望の意味がわからなかったが製造に取りかかり、部品を1万個と、それとは別に欠陥品と表示した不良品3個を納品した。この話は日本人の完璧主義をたとえるのに用いられるが、私には日本人の生真面目な面をよく表した一例に思える。発注元の米国企業が言いたかったのは、不良品の割合を0・03%以下に抑えることだった。しかし日本人は、なぜ相手が欠陥品をほしがるのだろうと首をかしげながらも、要望を文字通りに受け取ったのだ。

世の中をありのままに受け入れる日本人は、個人の出来事や事例を普遍的なルールとは異なるものとして位置づける。この種の考え方は、神秘的なものを否定して、物理的な世界のみを認識するものだ[49]。目には見えないものの典型例といえば、神や宗教だろう。神はもっとも抽象的な概念だ。西洋と違って、日本人は抽象的な神を崇拝しないが、目に見えて認識できるものを神格化した自然神なら何万種類もある。また、死後に天国が待ち受けていると信じていないが、それは天国が抽象的な概念だからだ。

世の中をありのままに見るということは、抽象的な思考が苦手だということを意味するが、日本語には抽象的な概念がまったくないわけではない。中村元によると、日本人は母語である和語を使って抽象的な概念を表現することはないという。中国から伝わった漢字二文字を使って表現する。日本の和語には西洋の哲学的概念を表す言葉はないが、漢語を組み合わせて作った借用語を使う[50]。その例として、中村元は「概念」と「理性」といった言葉を挙げている。

中村元は日本人の硬直思考について次のようにも語っている。「少なくとも、論理の軽視は日本人の伝統的な考え方のなかでも顕著な特徴で、歴史的に見ても間違いない。人間が知覚できる世界とあまり関係のない抽象的概念よりも、確たる直感の方が支持されるのである[51]」。鈴木大拙も同じような主張をしている。曰く、日本人は理論的な抽象概念や哲学的な深い議論を丹念に発展させてきたわけではなく、むしろ世界をあるがままに見ることに注力しているという[52]。

日本人が製造分野で強い一方で金融分野に弱いのは、こうした硬直的な一面があるからだと私は思う。日本の経営者には、資本コスト、貨幣の時間価値、自己資本利益率（ROE）、投下資本利益率（ROIC）などの概念に四苦八苦している人が多い。日本には世界でも有数の競争力を持つ収益性の高い製造企業もあるが、そうした企業が新しい事業に投資する代わりに多額の内部留保をため込んで、収益を上げる機会を失っているのだ。日本の企業は、品質管理などの正確さが求められる面では世界屈指のレベルだが、予測などの抽象的な概念に弱いことはよく知られている。

冒頭で紹介したように、お金を扱うときに1円単位で正確なこと以外にも、日本人の柔軟性のなさには外国人を驚かせるような興味深い一面がある。まず、真夜中でたとえ道路に車が1台も走っていなくても、信号が赤なら日本人はまず道を渡らない。常識的には道を渡っても問題はないが、日本人は信号が青になるまで待つだろう。さらに、日本では列車が時間通りに来る。これも外国人にとっては賞賛に値する。しかも、この正確さはデジタル時代が到来する前からずっと続いてきたものだ。なお、列車の利用客は分単位で運行されていると思っているが、鉄道会社の社内では秒単位でスケジュールが組まれている。

日本文化の柔軟性のなさは、家族の全員がそれぞれの役割の名前で呼ばれるという形でも表れる。かくして夫は、子どもたちが母を呼ぶのと同じように、妻を「お母さん」と呼ぶが、これは家族のなかで妻が母親の役割を担うからだ。日本人と結婚したアメリカ人として、これは心理的に奇妙だと言っておかなければなるまい。西洋では、妻を「お母さん」と呼ぶことはあまりお勧めできない。

私の経験では、日本人は外国語を習得するのが苦手だと言われている。なかなか外国語が習得できない主な原因は、真面目すぎるあまり間違いを嫌うからではないだろうか。日本人はたとえ何かを伝えたくても、単語や文法を正確に話す自信がないと、口をつぐんでしまう。そんなわけで、上手に話せるようになるまでしゃべりたくないと感じるわけだが、しゃべる練習が足りなくてなかなか上達しないというジレンマに陥る。この傾向は、日本語を勉強する外国人にとって障害となる。言語を習得する過程では間違いはつきものなのに、日本人は日本語がうまく話せない外国人にいらいらする。彼らは文字通り、日本人じゃないのだから日本語を話す必要はないと考えているのだ。

きわめてシンプルな文法を持つ中国語と違って、日本語の文法は複雑極まりない。日本人は人間関係の調和を保つことを最優先するため、あいまいな表現が用いられるものの、文法は非常にこまかい。中国語には時制がないので、動詞だけでは過去か現在か未来か、いつ起きたのか明確にわからない。これは柔軟性のない日本人の精神には耐えがたいだろう。たとえば中国語では、食べるという言葉はいつでもどこでも、「吃《チー》」という一単語で表される。

日本語の「食べる」という動詞の活用形を、私が思いつく限り挙げてみよう。

食べます、食べました、食べる、食べた、食べています、食べていました、食べている、食べていた、食べたい、食べたかった、食べさせます、食べさせました、食べさせる、食べさせた、食べられます、食べられました、食べられる、食べられた、食べながら……永遠に挙げられそうだ。

日本人と英語で話す機会があったら、「調子はどうですか？」とか「週末はどうでしたか？」と尋ねて、相手をよく観察してみよう。相手の頭がフリーズする様子が見て取れるだろう。彼らは言われたことを文字通りに受け取って、何と返事をしようか考えているのだ。

日本社会の生真面目な気質について、外国人の目につきやすいものは他にもある。お金以外の借りや恩を受けたら、それを正確に計算して返そうとする傾向だ。日本文化は恩を非常に重視する。なかでも義務はもっとも重く、見過ごせないものだ。義務があるからこそ、日本人は国や会社や家族のために全力で尽くすのだ。優先順位は、国、会社、家族の順とされている。義務レベルの責務は疑問をはさむ余地もなく、個人的な事情を差し置いて絶対的に優先されるため、西洋人には理解しにくい。祖国への義務を果たすために、死を覚悟して飛行機で体当たりした神風特攻隊はその典型例だ。こうした責務は際限がなく、完全に果たすことはできないとベネディクトは指摘する。

現代の日本で見られる日常的な義務の例を挙げよう。あなたが年に一度の海外旅行のために航空券を買ってホテルを予約したとする。ところが出発の前日に、上司から電話がかかってきて「明日出勤してくれ」と頼まれる。義務感があるし、家族よりも優先順位の高い会社とあって、日本人の会社員なら休暇をキャンセルせざるを得ないだろう。上司を説得するとか、言い訳するといったことは、選択肢にすら挙がらないだろう。

義務に次いで重要なのが「義理」だ。義務と義理は、たとえ気が進まなくても果たさなければならないものだ。「これらの借りは受けた好意に対して、きっちり等価で返済されるべきものと見なされ、完済期限が存在する」という。[53] 伝統的な日本の地域社会では、村長が、受けた援助をすべて追跡して記録し、然るべき方法で等分に返したそうだ。

その関連で、友人がおもしろい話を教えてくれた。アメリカ人の彼女は、日本人の男性と結婚して日本の小さな町に何十年も住んでいる。日本に移住したばかりの頃、彼女は贈り物とお返し文化を理解していて、受け取った贈り物や借りを返さなければならない人をきちんと把握していた。日本人は、こうした義理（借り）を年に2回返す。1回は夏にお中元で、もう1回は冬にお歳暮で返すのだ。ある日、この友人は地元の果樹園でりんごをたくさん買ってアップルソースを作り、おしゃれなガラス容器に詰めて蝋《ろう》で封印し、上品なリボンで結んだ。それを近所の人たちにあげたところ、誰もアップルソースを知らなかった。一度も見たことがなかったからだ。初めて目にするアップルソースの価値を正確に測ることができず、どうやってお返しすればいいのかと途方に暮れていたという。「こんなことなら瓶詰めのうんちでもあげるんだったわ」と彼女はこぼした。

贈り物をもらったら同等のものでお返ししなければという硬直的な考え方がいかにばかばかしいかは、日本で人気の子ども向けの物語にも描かれている。ある村に新しい家族が引っ越してくると、隣の家の人が歓迎の品をくれた。新参者のその家族は、お礼に贈り物を返した。隣人はその贈り物のお返しにと新しい贈り物を届けた。こうして贈り物とお返しが延々と続き、両家は文字通り家中のありとあらゆるものを交換し、最後には息子まで交換してしまう。対等であることにこだわりすぎるとどうなるかを描いた、こっけいな例だ。

先日私は、日本の与党議員の講演会に参加した。彼は日本は米中との関係を見直すべきだと語った際に、唖然とするようなことを言った。その議員によると、日本では約90年おきに大きな変革が起きるという。最初は１８５３年にペリー提督が黒船で来航し、やがて明治維新が起きた。その次は１９４５年で、日本は第二次世界大戦で負けて終戦した。彼は、日本社会には次なる大変革が待ち受けている気がすると大真面目に主張したのだ。

日米同盟を今後も信頼できるかという話題に移ったとき、その議員は衝撃的なコメントを放った。トランプ大統領（当時）の「アメリカは日本の後ろに立つ」との声明を引き合いに出して、その議員は——他の多くの日本の政治家も同様だと思うが——この声明を文字通りに受け取ったのだ。「どうしてアメリカは日本の後ろに立つのでしょうか？　なぜ日本の隣か、前に立とうとしないのでしょうか？」と参加者に問うたのだ。まるで日本がチェス盤の上のポーンか何かで、アメリカを守るために立っているみたいではないか。興味深いことに、アメリカの文化では「stand behind《後ろに立つ》」という言葉は、支援する、応援する、後ろ盾になることを意味する。アメリカ人、とくに政府高官の皆さんは、日本人と話すときの言葉遣いにはくれぐれも気をつけていただきたい。日本人はきっと文字通りに受け取ってしまうだろうから！

第8章　日本人の完璧主義

異国の地に住む人たちの間では、しばしばどちらの文化寄りかが話題になる。たとえば、幼い頃からずっとアメリカに住んでいる日本人がいる場合、その人はアメリカ人寄りか、それとも日本人寄りだろうか？　私が判断することになったら、あるテストをするだろう。その名も「プレゼントのラッピングテスト」だ。その人がプレゼントのサイズに合わせて包装紙とテープを1ミリもずれることなくきっちり包装したら、日本人寄りだと判断するだろう。おおざっぱな性格の私がやったような包み方だったら、アメリカ人寄りだと思うだろう。アメリカには「完璧を優先して良さを損ねてはならない」という言葉がある。日本では正反対の言葉になるだろう。「良いことに甘んじて完璧をあきらめてはならない」といったところか。服をたたむ、靴を片付ける、プレゼントをラッピングするなどの日常的な所作ですら完璧にやろうとする（もっとも、日本人は「丁寧にやろうとしている」という言い方を好むだろうが）。

日本人の完璧主義には三つの要因があると思う。日本の環境と文化、禅宗の影響、そして物事を事実通りに捉えるマインドだ。

日本は古くから米を主食とする農村社会だった。水田を使った稲作は厳しい管理が必要な集約農業で、種まきから収穫までのプロセスを厳密に行わなければならない。稲は繊細な作物だ。まず苗床に種を植え、そのあと土を完璧にならして注意深く水を引き、水位を合わせた田に大きくなった苗を植える。わずかな期間でも水が不足すると稲は枯れてしまう。稲に必要な栄養分も成長段階に応じて変わる。農家は数種類の農薬を適切なタイミングでまくだけでなく、雑草を抜き、害虫を駆除し、収穫期になったら稲を刈り、脱穀して精米する。稲作のこつは細部に注意を払うことなのだ。

日本の気候と地形も日本人の完璧主義に一役買っていると私は思う。日本の土壌には火山灰が豊富に含まれていて、降水量も多いため、さまざまな農作物が育ちやすい。そのおかげで日本人は、工芸品や芸能の質を追究する時間をたくさん確保できた。さらに、長い冬の間は小さな家に何か月も引きこもって暮らしていた。居住空間は狭く、自由な時間がたくさんあったおかげで、ディテールを重視するようになり、物を小型化することが得意になった。こうした条件が揃ったことで、日本ではいわゆる職人集団やものづくりの文化が発達したのだ。

火山が多い島国の日本では、頻繁に地震が起きる（私が日本に住んでいた頃には、当たり前のように毎年数回は地震の揺れを感じたものだ）。地震に備えて、日本の大工仕事や建築物はクオリティが重要視されるようになった。奈良の法隆寺は、１３００年以上前に木材だけを使って建てられた寺院である。境内にある五重塔は世界最古の木造建築で、その地域でたびたび起きる地震にも倒れることなく維持されてきた。この木造建築は、地震の際は揺れに合わせてしなり、揺れがおさまったら元の位置に戻るよう設計されている。さらに驚くべきは、この五階建ての建造物には一切、釘が使われていないことだ。釘を使わない分、さまざまな形の木材を組む際に相当な正確さが求められる。こうした頻発する地震も日本人の完璧主義の要因の一つではないだろうか。家や建築物をずさんに建てると、悲惨な結末になりかねない。

日本では調和を重んじる道徳観が発達したが、調和は完璧主義を補う役割も果たしている。村社会では、自分の役割を果たし、他者を見捨てないことが個人の責任として重視された。社会と人間関係が最優先されると、個人よりも集団に尽くすべきだという道徳観が発達する。[54]これは深刻な事態だ。責任を怠けて開き直ろうものなら、村から追放されただろう。他の村に行ってもよそ者は相手にされなかっただろうから、これは死刑宣告に等しい。日本には「出る杭は打たれる」という有名な言葉もある。力の限り自分の義務を果たすことは、人々から打たれないための方策でもあるのだ。

禅宗も日本人の完璧主義を生み出した要因の一つとなった。ジョーゼフ・キャンベルは禅について「どうやら『やるべきことを完璧に、文句を言わずにやること』が禅の基本的な原則のようだ」と述べている。[55] キャンベルは著書『Sake and Satori（酒と悟り）』（未邦訳）のなかで、仏教研究者のフィリップ・アイドマン氏の論文を引用している。「日本の禅においては、義務を完璧に果たすことが救済への道だという概念が特に強い[56]」。完璧さを追究する姿勢は、細部まで綿密に設計された枯山水や、禅の影響を受けた茶道や華道などの伝統芸能に見られるディテールへのこだわりからもうかがえる。

山本常朝は『葉隠』のなかで「いかなる職業も集中力を持って取り組むべし」と書いている。[57] 心を集中させること、一つのことだけに集中して取り組むことだ。日本では、同時に複数のタスクをこなす人は「ながら族」と呼ばれる。これはマルチタスク族に属する人という意味だが、非常に軽蔑的な言葉だ。同じく『葉隠』にはこんなくだりもある。「昨日よりは上手になり、今日よりは上手になりて、一生日々仕上ぐる事なり。これも果てなきといふ事なり（昨日より今日は上手になり、明日は今日より上手になるというようにして、一生、日日、仕上げていくことが道であり、これは果てもない世界である）[58]」。今日、この概念は「カイゼン（改善）」という言葉で表され、絶え間なく改良し続けることを意味する。日本の製造業が成功したのはカイゼンのおかげだと言われている。サヨナラ、イチバン、ツナミと共に、カイゼンも西洋の辞書に収載されている。

日本の完璧主義の最後の要因として、彼らの硬直思考を挙げたい。私は、日本人が繰り返しの多い単純作業に我慢強く取り組む姿を見たことがある。直線思考や水平思考の人は、いつも次のステップを探すものだ。日本人の柔軟性がなくて直感的な頭脳は、オープンで同じものから常に新しいものを見つけ出すことができる。完璧を目指して突き詰めていくなかで、退屈することはないのだ。

以前、日本の一流シェフと興味深い会話を交わしたことがあるが、彼の発言は日本人の完璧主義的な考え方をよく表わしているように思う。ご存じのように、日本はミシュランの星付きのレストランが多い。ミシュランの星付きレストランが多い世界の都市ランキングのなかで、東京は1位、京都は2位、大阪は4位にランクインしている。私が出会ったのは、京都にある二つ星の料亭の主人で、料理長でもあった。彼は俗っぽくならないよう、あえて「経営者」と名乗らなかった。代わりに料理長ですと自己紹介した。18歳で料理の道に入り、8年間見習い奉公として働いたという。最初の店では板前として4年働き、その後は12年間に2軒の料亭で料理長を務めた。その後独立して自分の店を構え、30年間営んできたそうだ。

私は主人に京料理を50年以上も作り続けて、飽きることはありませんかと尋ねた。すると一瞬、ばかげた質問をする無知な外国人と言わんばかりの目で私を見たが、それからしばらく考えて私の質問に丁寧に答えてくれた。

厳しいながらも、温かみのある口調でこう言った。「どうして飽きるんですか？　料理は常に変わりますから。季節が変われば、食材も変わる。私も毎年変化します。ベートーベンの交響曲第9番を指揮する前、どの指揮者もベートーベンがこの曲で何を表現しようとしたのかを研究するでしょう。ですが実際の演奏時には、それぞれの指揮者が独自のバージョンの第9を生み出すでしょう。1回として同じ演奏はないのです。新たな解釈も生まれます。オーケストラは同じではありません。指揮者の考えも違うでしょう。ですから、たとえ同じ交響曲でも毎回違いが生じるのです。うちの店でも、私はどの食材を買ったらいいかを考えます。どの調味料を使うかも。絵を描くのに似ています。味付けは誰にでもできます。自分が完璧と思う料理を実現するために、ここは調味料を使わないとか、ここは食材の味を活かそうなどと決めなくてはなりません。調味料を使わない方がずっと難しい。おまけにリスクも高い。手抜きだとか、おいしくないなどと言われるかもしれませんからね」。

主人は続けた。「レシピ通りに作るのは誰にでもできますが、どんなに良いレシピと良質な食材を使っても、何も考えずにレシピ通りに作るだけでは、高級な餌にしかなりません。それでは人の心を動かせないでしょう。真摯に料理と向き合うことが大切なのです。目標は五感を満足させる料理です。見栄え良し、味良し、食感良し、香り良し、耳への響きも心地良くなければなりません。そしてこれらの要素をすべて調和させるのです。これをすべて実現するには、童心に返って、何の心配もなくて幸せだった頃の気持ちを取り戻す必要があります。人生の困難を実際に味わう前の自分です。子どものような気持ちで、新しい料理を編み出し、食の交響曲を創造するのです」。

日本人は直感を表すのに「勘」という言葉を用いる。直感を鋭く察知できる人は「勘がいい」と言われる。板前の場合、料理の勘が磨かれるまでに何十年もかかる。寿司職人のなかには、10年かけてようやく魚を捌かせてもらえる人もいる。京料理には明確な定義がある。京料理は歴史が長く、京が日本の都だった頃の大饗《だいきょう》料理もあれば、京都に古くからある禅寺で生まれた精進料理もある。先の料亭の主人は、調味料を使わないよう気をつけるという、いかにも禅らしい考え方をしていた。何もしないのが一番良い場合もあるのだ（これは中国料理などでは考えられないことだが）。子どものような直感的な考え方が必要だと言う彼もまた、京料理の厳しい定義の範囲内で、斬新な料理や伝統料理の新たな調理法を生みだし、これまでにない形で単品料理を組み合わせて一つの献立を構成させたという意味で、革新的な人《イノベーター》であった。

料理の道を歩んで50年経つこの主人は、間違いなく達人となっていたが、それでもなお料理を極めようとひたむきに取り組んでいた。ミシュランの審査員は日本で星をばらまいているとしばしば批判されるが、50年間も全身全霊で一分野の料理を作り続けるシェフや料理人がたくさんいると豪語できる国がいくつあるだろうか？　ミシュランのえこひいきなどないと私は確信している。

第9章　失敗と自殺

日本人とアメリカ人とでは、失敗についての考え方がまったく異なる。日本の教育制度の下で、生徒たちは高校、大学進学時などに厳格で情け容赦のない入学試験によって仕分けされ、学力が足りなければ排除される。日本の学生は一度落ちこぼれると、みんなに追いつくことはほぼ不可能だ。日本にはセカンド・チャンスがない。生徒たちは失敗を恐れるようになる。アメリカは日本とは対照的で、学校で優秀な成績を収めるに越したことはないが、絶対必要というわけではない。アメリカでは、一流大学に入れなくても、一生懸命勉強して優秀な大学院に進学するか、社会人として優れた実績を積めば、遅れを取り戻せるだろう。アメリカ人は、誰もがセカンド・チャンスを与えられるべきだと考えている。

アメリカには、「優」の学生が「良」の学生に教え、「良」の学生は将来「可」の学生の下で働くようになる、という含蓄に富む言葉があるが、これは日本人には理解できないかもしれない。

アメリカ人は、失敗も善となり得ると考える。実際、失敗したことがない人は、一生懸命頑張っていないか、必要なリスクを取っていないのだ。発明家のトーマス・エジソンは白熱電球の開発に励んでいたとき、「私は失敗などしていない。ただうまくいかない方法を1万通り見つけただけだ」と言ったのは有名な話だ。さらにエジソンは「悪い結果こそが私が求めているものだ。私にとって悪い結果は良い結果と同じぐらい価値がある。うまくいかない方法を見つけるまで、最良の方法は見つからないだろうから」とも語っている。

この考え方はアジア人の目には新鮮に映るようだ。シンガポールの元首相、リー・クアンユーの言葉を引用しよう。「（中略）アメリカには、自分で何かを始めた者を褒めたたえる文化がある。成功すれば、有能な起業家として尊敬され、その人にふさわしい社会的地位を与えられて評価される。失敗すれば、時期尚早だった、いつか成功するときに役立つ経験をしたのだと受け入れられるため、彼らは立ち直って一からやり直すことができる」[59]。

アメリカと比べて日本は起業文化が希薄で、それが日本経済の大きな弱点となっている。日本人はリスクを取るのを怖がり、失敗をひどく恐れる。日本人にとっての理想は、大手の一流企業に就職して定年まで働くか、官僚になることだ。アメリカでは、これとは対照的だ。シリコンバレーの起業家ナビーン・ジェインは、実業家デイヴ・アスプリーのポッドキャストに出演したときにこんな発言をしている。「皆から頭がおかしいんじゃないかと思われるぐらい、大きな夢を抱こう。『あなたの仕事は何ですか？』と訊かれて答えたときに、相手がクレイジーだと思わなければ、その夢はさほど大きくはないということだ。大きく考え、そして絶対に失敗を恐れてはいけない。起業家が失敗するのはあきらめたときだけだ。それ以外はただの方向転換にすぎない。何かがうまくいかないときは、やり方を変え、適応し、方向転換する。だが、あきらめるまでは失敗したことにはならない。うまくいかなかったアイデアだって、きっと大きな成功への足がかりになっている[60]」。

　日本人は失敗したり、リスクを取ったりするときにかなりの恐怖心を抱くが、そのことを私が完全に理解したのは、道の向かい側に住んでいた中年女性と友だち付き合いを始めてからだ[61]。ある冬の夜に大雪が降ったとき、私はこの女性の家の前にある長めの小道の雪かきを手伝った。まだ若く、雪が降ってわくわくしていた私は、無性に近所の人に親切にしてあげたかった。予想外なことに、私の親切は女性にとっては借りという重荷となった。彼女はお返しをしようと、私を時々夕食に招待してくれ、料理の残り物をお裾分けしてくれた。さらに息子を紹介してくれると、私たちは友だちになった。息子が今度は近所の若者を紹介してくれて、時々みんなで飲みに行くようになった。私から見て、この若者は豊かで幸せそうに見えた。新しい車を買い、いつもしゃれた服を着ていた。それに対して私は貧乏な英語講師で、ママチャリで近所を走り回り、贅沢をしたくてもたいしてお金を持ち合わせていなかった。まだ26歳ぐらいだったが、もう成功を手にしている彼がうらやましかった。

ある日、向かいの家の女性がやって来て、衝撃的なニュースを教えてくれた。息子の友人である、あの若者が自殺したというのだ。信じられなかった。私の目には若くて元気で、成功を手にしているように見えたのに。聞くところでは、失業し、どうやらそれを恥じて自殺を図ったようだ。このニュースを聞いたあと、私は眠れなかった。**どうして新しい仕事を探そうとしなかったのだろうか？**　と考え続けた。その答えは、ベネディクトの名著『菊と刀』で見つかった。日本のような相対的な真実が重要視される社会では、同僚が出世したり、同僚に後れを取ったりすることは敗者とみなされ、その結果、一生懸命働く人もいれば、深く落ち込む人もいる。[62]あの若者は、家族に恥をかかせてしまったと感じたのだ。

驚いたことに、周囲の反応は私の予想とは全然違った。もちろんみんな悲しんではいたが、そこに絶望感は感じられなかったのだ。日本人である彼の友人や近所の人たちは、自殺に至ったことを不自然だと感じていないようだった。西洋人の私は、自殺は罪だと言われて育った。だがなぜか日本人は、自殺に美のようなものを見いだすか、少なくとも汚名をそぐために自殺を選択する人に理解を示すことができる。その理由はまたしてもベネディクトの著書で見つかった。要するに、日本では自殺は罪とみなされないのだ。実際、自殺は立派に遂げれば汚名をそそぎ、死後に名声を挽回してくれるのだという[63]。

自殺や死全般に対する日本人の考え方は、アメリカ人には理解しにくい。桜は開花すると美しいが、花が木の枝にしっかりくっついていない。ひとたび強風が吹けば散ってしまう。桜の花が枝にしがみつかないのと同じく、日本人も人生にしがみつかないのだろう。自然信仰を基盤として、死は自然の一部にすぎないと考えられているのだ。『葉隠』にも「武士道といふは、死ぬ事と見付けたり」と力説されている[64]。鈴木大拙も日本人の死に対する考え方を説明している。禅は生と死を明確に区別していない。つまり人生で避けられないことは、平静に受け入れろということだ。死も例外ではなく、客観的かつ冷静に受け止めるべきものなのである[65]。さらに「日本人は別段、生の哲学は持たないかもしれぬが、たしかに死の哲学は持っている。時とするとそれは一見、向こう見ずの哲学であるようにも思われよう」とも述べている[66]。

私には、あの若者の行動が無謀に見えた。日本人が恥さらしだと感じたとき、たとえば大事な試験で落ちたり、失業したり、多額の借金を抱えたり、家族を失望させたりしたときに、自殺を選ぶ人が多いことが私にはよく理解できなかった。義務と人としての思いやり（日本人が「義理」とか「人情」と呼ぶもの）との板挟みで悩む人にとって、自殺は一つの打開策であり、英雄的な行為に見える。そのため日本では自殺は珍しいことではない。しかし、日本人は自殺に無感覚になっている。誰かが地下鉄に飛び込み自殺をすると、「人身事故」と呼ばれる。人身事故はあまりに頻繁に起きるため、駅で足止めを食う人たちは電車の遅れにいらいらし、駅長は遅延証明書を配って、乗客が遅刻の理由を説明できるようにする。その後、遺族は清掃代と損害賠償金を支払わなければならないのだが、これが何百万円にものぼることがある。

　近所に住む友人の自殺をきっかけに、私はリスクを取って成功することの意味を自分の経験に照らし合わせて考えた。大学卒業後、私は日本へ行って英語講師の仕事を見つけ、日本語を勉強することにした。日本に知り合いは一人もいなかったし、ポケットには５００ドルしかなかった。間抜けにもクレジットカードすら持って来なかった。日本語がしゃべれなかったので、採用面接の予定などもなく、もちろん仕事もなかった。初来日した当日の晩に泊まる場所すら確保していなかった。にもかかわらず、私はまったく心配していなかった。何とかなるだろうと思っていたからだ。

　家を出るとき、父は私の手を握って「頑張ってこいよ」と言った。それだけだ。親からの支援はもう期待できない。不運にも仕事を見つける前に所持金が尽きてしまった私は、実家に電話をかけて助けてくれと頼んだ。母は送金する代わりに、ジョージ・オーウェルの古典『パリ・ロンドン放浪記』を一冊送ってくれた。ページの間に紙幣がはさまっていないことに気づいたとき、私は「もう大人なんだから、自分で何とかしなさい」という厳しい愛のメッセージだと悟った。一人で何とかしなければならないのだ。

　私がアジア人だったら、まったく違った経験をしていただろう。アメリカ人の私は、失敗してもいつでも家に帰れると思っていた。チャレンジして失敗したとしても、絶対に悔やんだりはしなかっただろう。私は「虎穴に入らずんば虎児を得ず」とか「一塁ベースに足をつけたままでは、二塁に盗塁することはできない」と信じて成長してきた。だが、友人が人生をあきらめて自殺したことに、私は衝撃を受けると同時に、なぜ自殺をしたのかよく理解できずにいた。あの事件をきっかけに、私はどんな人がどんな価値観や死生観を持っているのかを調べ始めた。当時は不可解な考え方もあるものだと感じたが、それは今も変わっていない。

第2編

中国人の考え方

第10章　中国人の水平思考

規律正しくて均質的な日本社会と比べて、中国は喧噪に満ちた社会だ。雑多で活気に満ちあふれ、変化に富んでいる。中国は、離れて見ると単一の統一国家に見えるが、近くで見るとヨーロッパ並みに多様性があり、単一国家であると同時に多くの省から成る連合体でもあることがわかる。広東省で話される言語と黒竜江《ヘイロンチャン》省の言語とでは、ギリシャ語とスウェーデン語ぐらい違う。にもかかわらず、中国人の90％以上は５０００年の歴史を持つ漢民族だと自認している。よって本書では、説明しやすくするために中国に住む人々を中国人とひとくくりにして、まずは彼らの水平的な考え方について取り上げたい。

現代中国語で論理を意味する「逻辑《ルオウジィ》」は、英語の「ロジック」を中国語に音写して作られた借用語だ。直線的に筋道立てて考える論理のプロセスが中国人にとって異質であるのと同様に、中国式の水平思考も西洋人には理解しにくい。水平思考は、発想から問題解決に至るまで、さまざまな関係性を考慮に入れる。西洋人は、要点や結論まで一直線に考えを進める傾向がある。西洋の考え方が散文や物語に似ている一方で、中国人の考え方は詩に近いのだ。

中国人はまず人間関係を考慮し、それからアイデア、プロセス、可能性を含めて考える。ビジネスの現場では、西洋人は一般論から話し始めて、徐々に具体的な内容へと展開していく。中国人がおおざっぱな一般論から急に具体的なディテールへと話題を切り替えると、多くの西洋人は愕然とする。状況は絶えず変化するため、中国人の水平思考が注目するのは結果であって、解決に至るまでの道筋ではない。何よりもまず、中国人は背景や関係性を重視して考える。西洋のユーモアは落ちに向かって話を展開させるが、中国はユーモラスな状況を作り出して笑いを取ろうとする。

中村元が著書で述べているように、中国人はこまかいことや、直接感じ取れるものに注意を払う。目で見える現実の世界のなかに無数に存在するこまかくて具体的なことを重視するのだ。中国人の考え方は、確たる知覚情報に基づいているため、単純さよりも複雑さ、類似性よりも多様性に引きつけられ、抽象的な法則やアイデアよりも物理的な世界を信頼する。[67]

端的に言うと、世の中は複雑すぎて、シンプルで直線的な論理では解釈できないと中国人は考えているのだ。中国人の思考は、統一化されたルールやパターンに着目するよりも、知覚する世界と同じぐらい複雑化した。中村の主張によると、このことは中国人の推論方法の発達に影響を与え、実用的な日々の生活を中心に考えるようになったという。それとは対照的に、論理学は非実用的と見なされた。論理学の抽象的で統一された概念は、具象的なディテールと直接関係がないからだ[68]。

中国人の交渉スタイルに詳しい専門家ルシアン・パイによると、論理と科学的指向が定着している西洋文化は「中範囲の一般化」を重視するが、中国人はこれを避ける傾向があるという。その代わりに中国人は、きわめて具体的な問題を扱うか、非常に高度な一般化を行うかのいずれかを選ぶ傾向がある。といっても、中国に「中範囲の概念」がないわけではない。たとえば、中国の政治文献は、目的、戦略、駆け引きという三つの中範囲の抽象的な概念を明確に区別しているが、彼らの焦点は観察できる詳細な事項か、非常に高度な道徳的な一般化のいずれかに二極化する傾向があるのだ。このように「中範囲」を避けると戦略の議論も避けがちになるため、中国人の交渉スタイルに影響することとなる[69]。

中国は１９７８年に鄧小平の常識によって救われた。鄧小平が実権を握るまでは、毛沢東が独裁的に支配し、社会主義的な経済政策が採られる国だった。しかしそれは悲惨な結末を招いた。中国の奇跡のような経済成長は、１９７８年に鄧小平が「改革開放」政策に舵を切ってから始まった。それ以前の中国経済には、市場メカニズムも民間企業もなかったのだ。毛沢東政権は資本配分、製品の生産、仕事の割り当てに失敗している。１９７８年当時の一人当たりＧＤＰはたったの１５６ドルで、当時のインドにも及ばない。現在の中国は世界第2位の経済大国となり、一人当たりＧＤＰは９０００ドルを超えている。

中国の経済成長のために、鄧小平には資本主義が必要だった。問題は、共産主義国家の中国にとって「資本主義」は悪で、到底受け入れられないものだったことだ。鄧小平は、新たな制度を「資本主義」と呼ばず「中国的な特色を持つ市場経済」と名前を変えるだけで、うまく摩擦を回避した。鄧小平にとっては、事実などどうでも良かったのだ。ネズミさえ捕ってくれれば良い猫だ、というわけだ。中国を資本主義国家に変えることはできないため、鄧小平は良識と水平的な論理を働かせ、語感を変えて国民に受け入れさせたのだ。社会主義国家が資本主義経済を採用するのは筋が通らないかもしれないが、賢明なやり方であることは間違いない。鄧小平は「貧乏になることが社会主義ではない」と発言して、中国人の共感を呼んだ。

中国人作家の林語堂によると、教養のある中国人は、道理をわきまえ、節度、自制、常識的な判断に従いながらも、論理的または演繹的になりすぎないよう注意するべきだとされていたそうだ。[70]

直線的な論理を欠くおかげで、中国人はかねてから矛盾に対して居心地の悪さを感じない。中国語で「矛盾」と表記するこの言葉は、矛と盾の二文字を組み合わせた熟語で、中国の古い教訓話を起源とする。どんな話かというと、昔、ある男が矛と盾を売りながら、「この矛はどんな盾も貫き通し、この盾はどんな矛も防ぐ」と口上を述べた。すると、話を聞いていた人が、「戦の最中にこの矛でその盾を突いたらどうなるんだ？」と尋ねた。男は答えられず、それがやがて中国でつじつまが合わないことを意味する熟語になった。

　中国人は、矛盾のなかにも真実は見つかるものだと往々にして感じている。世の中は矛盾に満ちていて絶えず変化するため、中国人は矛盾を容認する傾向があるのだ。一例をあげよう。中国人は、ある瞬間に「台湾は中国の聖域だ」と主張したかと思えば、次の瞬間には中国から台湾への輸出状況の話をしたり、台湾からの投資を海外直接投資に分類したりする。中国人は、台湾を中国の領土と主張しながらも、中国とは異なる経済政策を取っているという矛盾が気にならないのである。

　さらに中国は、共産主義的な体制のなかにも大きな矛盾を抱えている。共産主義の下では富を平等に分配しなければならないが、鄧小平は資本主義を採用した。資本主義は成長にはうってつけだが、富の分配という点では平等からはほど遠い。鄧はこの明らかな矛盾をごまかすために、「まずは一部の人を豊かにしよう」という、独創的で水平的な解決策を打ち出した。このように矛盾を容認していては優れた科学的思考は発達しないが、物事に寛大に対処して、妥協を受け入れられるようになる。それがやがて、直線思考では思いもつかないような機知に富んだ解決策を見いだせるようになるのだ。

中国人の水平思考に接したとき、西洋人は何を感じるのか。元米国務長官のヘンリー・キッシンジャーの力作『キッシンジャー回想録　中国』から、彼の目に毛沢東がどう映ったかを紹介しよう。キッシンジャーは、毛と会談したときの印象を次のように書いている。「大半の政治指導者は箇条書きの形で自らの考えを提示する。毛は一種ソクラテスのようなやり方で、自分の考えを進行させた。彼は質問し、見解を述べることから話を始め、論評を求めた。それから彼は次の見解を示した。皮肉まじりの言葉、見解表明、質問提起を網の目のように張り巡らすことで、方向性は生まれるため、拘束力のある言質を与えるのはまれだった[71]」。毛の思考には直線的な論理プロセスはなく、方向性しかなかったというわけだ。

さらにキッシンジャーは毛の考え方について「とりとめなく見える対話[72]」、「毛沢東の典型的な逆説的な話し方[73]」、さらには「曖昧で格言を多用する毛沢東の見解を要約するのは、非常に困難であり、時には理解することすら難しかった」などと表現している[74]。いかにも直線思考の人が四苦八苦しながら水平思考の人を理解しようとしているように見える。

キッシンジャーは、毛沢東の水平思考的な一面も紹介している。アメリカとソ連という二つの超大国と直面したとき、毛はそれまでの勢力均衡理論に従ってどちらかの国に支持を求めようとはせずに、自ら理論をかなぐり捨てて、両国にけんかをふっかけたのだ(75)。中国が立場の強いアメリカかソ連のどちらかを挑発しても、到底かなうはずもないのに、大胆にも、毛は両超大国を同時に挑発したのだ。毛がこんな手段を取ったのは、アメリカとソ連が互いの動向や状況を注視しており、ここで中国が負ければ力関係のバランスが崩れて、米ソは中国を支援せざるを得なくなることを知っていたからだ(76)。

毛沢東の水平思考は、１９５４年の台湾海峡危機という形にも現れている。この年、彼は台湾の金門島と馬祖島を砲撃する決断を下したのだ。中国を核戦争に巻き込みかねない行為だったが、毛にはこの２島を奪還しようという意図はなかった。キッシンジャーによると、ソ連は毛が戦略的な利益もないのに、核戦争の引き金となるような暴挙に出たことが信じられなかったという(77)。

毛沢東の水平思考は、すべてが功を奏したわけではなかった。まるで悲惨な共産主義実験では物足りないかのように、毛は「大躍進政策」において奇妙な運動をいくつも展開して事態を悪化させた。彼は、鉄の生産量でイギリスに追いつこうと、国民に手持ちの鉄製品の供出を命じたが、できあがったのは質の悪い銑鉄《せんてつ》だった。しかも農家は鉄製の農機具まで溶かしたために、翌年の収穫量が激減し大打撃を受けた。どう理屈をこねようが、こんな方法で鉄を生産していては長続きするはずもない。さらにおかしなことに、毛は「四害」駆除運動を提唱して全国民にスズメを駆除するようけしかけた。国民はスズメが逃げ疲れて空から落ちてくるまで、ドラム缶を叩き続けた。この運動で農作物を食い荒らすスズメを駆除した結果、スズメに捕食されていたバッタやウンカなどの害虫が大量発生し、農産物の生産が大打撃を受けた。もっとも、この発想は水平的な論理以前の問題だが。

中国人の水平思考は、文学、音楽、大衆文化にも見られる。たとえば、西洋人が中国語の文章を初めて見ると、やたらと長い文が多いという印象を受ける。たくさんの要素を一度に関連づけようとするかのように、中国人は英文には見られないような長文を書く。ちなみに、中国の伝統的な音楽は西洋式の記譜ができない。標準的な西洋の音階にはない音がたくさんあるからだ。

西洋ではチェスの人気が高い。チェスは直線思考型のゲームだ。他方で、中国人は囲碁を生み出したが、囲碁はチェスよりもはるかに水平思考型のゲームだ。コンピューターは直線思考型であり、囲碁をマスターするのは難しい。コンピューターがチェスの世界チャンピオンに史上初の勝利を収めたのは１９９７年のことだ。スーパーコンピューターの発達と高度なＡＩ技術のおかげで、ようやく囲碁の世界チャンピオンに勝てたのは２０１６年のことだった。私が聞いた話では、囲碁の手数は宇宙に存在する原子の数よりも多いそうだ。そのようなゲームでは、分析的なマインドよりも直感的なマインドの方が必要になる。

医学も西洋と中国の考え方の違いを追究するのにうってつけの分野だ。西洋医学はきわめて直線的だが、中国医学は水平的だ。西洋医学は病気を治療する。他方で中国医学では、病とは患者の身体、心、あるいは生活のバランスが乱れると現れる症状だと考えられている。そのため中国医学は、乱れたバランスを整えて身体の免疫系を回復させ、病気を自然治癒させることを目標としている。中国人は、人によって体質が異なると考えており、食事や栄養補助食品を使うことで、5要素（火、水、木、金、土）のバランスを取ろうとする。一度バランスが整えば、身体は自然に治癒するだろう。水平思考の影響は中国式の足つぼマッサージにも見受けられる。足の親指は脳に、土踏まずは胃に、かかとは尻に関係していると言われている。

下痢の症状があったとき、私は初めて中国人医師に診てもらうことにした。症状について私の話を聞いたあと、医師は私のおなかに何の処置もしなかった。その代わり、私の手首と足首と首に鍼《はり》を刺し、私のエネルギーのバランスを整えようとした。その後、この医師は炎にガラス容器をかざして真空状態を作り、それを私の背中に吸着させ、悪いエネルギーと過剰な熱を抜き取った。おなかは治らなかったが、施術後に気分が良くなったことは認めなければなるまい。

中国人の水平思考には興味深い一面もある。西洋で有名な中国のことわざのなかには、実際には中国に存在しないものもあることだ。これらは元のことわざを水平的に訳したものなのである。おまけに水平思考がやっかいなのは、この一度訳したことわざを再び中国語に訳して別物に変えてしまうことだ。たとえば、有名な中国のことわざに「おもしろい時代に生きるがいい」という婉曲的な悪態があるが、これは実際には中国にはない。おそらく「激動の時代に人間でいるよりも、平穏な時代の犬でありたい」ということわざを水平的に訳したものだろう。

鄧小平は１９９２年に中国南部を視察して中国経済の開放を訴えた際に「豊かになることは名誉なことだ」と言ったとされているが、実際にはそんな発言はしていない。実はこれは当時の政府のごく標準的なスローガンだったのだが、私が思うに、中国がこの言葉を鄧小平の発言を訳したものとして利用し、鄧小平から西洋へのメッセージだと説明したのではないだろうか。

ことわざの例は他にもある。中国で何かをやり遂げることは、「問題は大きくはないが、絶対に困難だろう」と言われている。優秀な水平思考家がこの言葉を「中国では不可能なものはないが、すべてが困難だ」と英語に訳して有名なことわざになった。この言葉を中国語に訳し直そうとしても、水平思考が働いて、元の言葉には戻らないだろう。

どうにも腑に落ちない水平思考もある。たとえば、製品の製造を請け負う中国の工場の状況だ。過重労働と薄給で自暴自棄になった従業員たちが、次から次へと寮の部屋から飛び降り自殺した事件があった。西洋なら直線思考を駆使して労働者が相次いで自殺する理由を突き止め、根本的な問題に対処するところだが、その会社は水平思考で別の名案を思いついた。建物から飛び降りる人を受け止めようと、従業員が暮らす寮の周りにネットを張り巡らせたのだ！

最近、中国人の水平思考からおもしろいビジネスが生まれた。春節（中国の旧正月）の間、ボーイフレンドを借りられるビジネスだ。仕事を持つ独身の女性は、早く結婚しなさいと両親に説教され、親族からはもっと強いプレッシャーをかけられることもしばしばだ。彼女たちは、親孝行のため春節になると実家に帰って家族と共に過ごすが、独身者やボーイフレンドがいない人は、激しいプレッシャーや批判にさらされる。このやっかいな問題を解決するために生まれたのがデートサービスだ。1週間に及ぶ春節の間、魅力的な若い男性がボーイフレンドの振りをしてくれる。直線思考の人なら、両親や親戚に今はボーイフレンドがいない、仕事を最優先したいのだと説明するだろう。あるいは、余計なプレッシャーに抗議するために実家に帰らないかもしれない。ところが水平思考の中国人独身女性たちは、今や親族に気づかれることなく、1週間、偽のボーイフレンドを使ってこの問題を回避し、休暇が終わった途端に通常の生活に戻れるのだ。

中国人の水平思考の表れとしていつも私の度肝を抜いたのは、多くの中国企業が3種類の会計帳簿をつけていたことだ。私の知り合いには、中国で会社を買った人が大勢いた。未公開株に投資する人や、企業を合併する人もいれば、不良資産に投資する人もいた。彼らは皆、口をそろえて、「本物の会計帳簿」を見ることが重要だと私に語った。大抵の中国の企業は優れた水平思考と事実に対する相対的な見方を駆使して、一般投資家向けの帳簿を1セット、政府および税務当局用の帳簿を1セット、それから本物の帳簿を1セット作成する。なかには、格付け機関用の帳簿を作成する企業もあると聞いたことがある。中国人起業家と腹を割って話し合う機会があればわかることだが、興味深いことに、3種類の帳簿をつけることを誰も悪いことだと思っていないようなのだ。相手に合わせて事実を変えて提示しても良いと考えているのだ。

第11章 水平思考を使って中国人とコミュニケーションを取る方法

1993年、ビル・クリントンは大統領に就任して間もなく「中国はこれ以上核実験をやるべきではない」と公の場で牽制した。ここで中国が面子《めんつ》を保ち、なおかつアメリカの従属的な立場にはないことを示すには、さらなる核実験をするより他に方法はなかった。自分たちの主張を明確にするため、中国は核実験を2回行った。このエピソードから、アメリカ人がいかに中国人の考え方やコミュニケーション方法を理解していないかが見て取れるのではないかと思う。中国文化で「面子」がどれほど重んじられるかは後ほど詳しく説明するが、クリントンが失敗した理由を理解するには、中国人が何よりも面子を重んじること、面子のためならお金、名誉、自らの健康すら犠牲にすることを知っておく必要がある。中国に核実験をやめさせるという目的をクリントンが達成するには、こうした価値観を理解するだけでなく、水平的な論理も必要だっただろう。直線的な論理は状況を悪化させるだけだ。当時の私は、中国人の考え方をまだよくわかっていなかったが、大統領が別のアプローチを取るべきだったことはわかった。

物事を有利に運ぶために、私が初めて水平的な論理を使うことを学んだのは、上海の復旦大学に入学して外国人学生寮に住んでいた頃のことだ。私はA寮の3階で暮らしていた。不運にも私の寮から道を隔てた向かい側には焼却炉があり、そこでは中国人学部生の女子寮から出たゴミを毎日燃やしていた。1日に2回、私の部屋はオーブンで肉をいぶしたような臭いが漂った。有害な煙に覆われるのは耐えがたかった。隣の部屋に住む二人のベルギー人が管理室の居室担当者にクレームを言ったが、解決されなかった。道理を説いて訴えてもうまくいかなかったのを見て、私は別のアプローチを取ることにした。

ゴミの焼却問題とは別に、この寮には他の問題もあった。私たちは共同バスルームを使っていたが、4階に住むある国の留学生たちが——神のみぞ知る特別な理由により、どこの国の出身かは言わないでおこう——しばしば洋式トイレの便座の至る所に排便していた（おかげで私はすぐに中国式トイレはしゃがんで使うことを学んだ）。

管理室へ行く代わりに、私は用務員数名を見つけて、助けてほしいと頼んだ。あの耐えがたい煙のことは何も言わず、便器が不衛生だと相談したのだ。トイレ掃除は用務員の仕事なので、すぐに私の苦境に同情してくれた。彼らはトイレの問題を気にするあまり、私が住んでいるのが４階ではないことを忘れてしまった。しかも、Ｃ寮の５階に空き部屋があることを突き止め（用務員は部屋の鍵を持っていた）、すぐに私の荷物を運ぶのを手伝ってくれた。それから私は管理室へ行って、すでに引っ越し済みだと説明した。管理室の職員は私に新しい部屋の鍵を渡して、名簿の名前を変更する他ない。おかげで私は残りの学生生活を煙のない寮で快適に過ごすことができた。

それからほどなくして、私は高架の幹線道路を猛スピードで走る古びたバスに乗っていた。一緒に乗っていたアメリカ人の友人は、運転手にスピードを落としてほしいと頼んだ。ところが、運転手は反対にスピードを上げてきた。私はなぜだろうかと考えた。直線的な論理なら、運転手に速度を落としてくれと頼めば、落としてくれるものと考える。ところがこの方法は水平的な論理には効かなかった。中国人の運転手に減速してくれと頼むことは、運転を信頼していないということであり、運転手は面子を守ろうと速度を上げて、運転がうまいことを証明しようとする。私は水平的な論理をあてはめることにした。そして運転手に「私は今回初めて上海を訪れたが、車の速度が速すぎてこの壮大な都市の景色をじっくり堪能できない」と話しかけた。この伝え方はうまくいき、運転手はすぐに速度を落としてくれた。

文脈的には筋が通らなくても、中国人の水平的なマインドに響き、この人は道理をわきまえた人だと思ってもらえる言葉はないか。私はそんな言葉を探して言うようになった。中国人から道理をわきまえた人だと思われることで、彼らとのコミュニケーションや交流の質も大幅に向上した。

中国語が話せる人にぜひ試してみてほしい秘策がある（中国語を話す人にやってもらってもいい）。「杭州はいい所ですね」と言ってみるのだ。十中八九、相手は反射的に「杭州はいい所です」と繰り返すだろう。すると突然、あなたと相手との間には共通点ができて、良い関係ができあがる。杭州は実際にいい街だし、市内にある西湖は美しい。中国にはすばらしい場所が他にもあるが、どういうわけか、私がこう言うとほとんどの中国人は必ず「杭州はいい所です」と共鳴してくれる。

おそらく中国人は私の発言を聞いて、この人は杭州に行ったことがあるに違いない↓つまりこの人は杭州が好きだ↓ということは、この人は中国が好きに違いない↓ならばこの人は中国の友達だ↓じゃあ私たちも友だちだ、と水平思考（または似たような思考プロセス）で結論づけたのではなかろうか。

２００４年のアテネオリンピック以降、私にはとても役立つセリフができた。中国人が「これができない」「あの仕事が終わらない」などと弱音を吐くたびに、私はその問題とは無関係な返事をするようになった。その問題には触れずに、世界中の誰よりも速く走る中国人の男性を見たよ、と言うのだ。相手はすぐに「劉翔《りゅうしょう》だ」と食いついてくる。劉翔とは、アテネオリンピックの１１０メートルハードル走で金メダルを獲得し、中国で初めて陸上競技種目の金メダリストに輝いた人物だ。中国の英雄だった。私の言葉を水平的なロジックで解釈すると、中国人アスリートが世界最速のランナーになれたのだから、あなたにできないはずがないという意味になる。彼らは劉翔を心から誇りに思っている。私がこのセリフを言うと、大抵の場合は効果がある。

一度、アメリカ人に中国人の水平思考を説明しようとしたが、うまくいかなくて、おもしろい展開になったことがある。上海で友人たちのディナーに呼ばれたときのことだ。私が遅れて到着したとき、テーブルの上にはところ狭しと料理が並べてあり、皆はすでにおなかいっぱいの様子だった。私はビルという名のアメリカ人の隣に座った。グループのなかで年長者だった彼は、フォンという名の年下の中国人男性に腹を立てていた。フォンが料理を注文しすぎたため、ビルはもったいないと思っていたのだ。彼はいよいよかんかんになって、大声で「もう料理は注文するな！」ときつくフォンに言った。

私は到着したばかりだったが、この発言はまずいと気づいた。これではフォンの面子が潰れてしまう。私は小声でビルに、それは直線的な論理ですよと言った。すでに多すぎるほどの料理が並んでいるのだから、直線的に考えれば、これ以上料理を注文しないでくれと頼むだろう。だがフォンは中国人であり、その言葉を別の意味で解釈したのだろう。つまり、注文がへただとビルに指摘されたとか、自分がこれまでに注文した料理がビルの口に合わなかったと考えたのだろう。フォンが自分は気が利く幹事だと証明するには、もっと料理を注文する以外にほとんど選択肢はなかった。

ビルは自分の耳を疑った。彼は何度も首を左右に振った。私は「私の言う通りにしてください。私はここに長年住んでいて、中国文化を理解してますから」と言った。ビルは、どう言えばいいのかと私に尋ねた。私は、「料理があまりにおいしくて食べすぎてしまった。きみがこれ以上注文したら、ぶくぶく太って、妻に怒られてしまう」などと伝えるようにと答えた。ビルはこの返事はばかげていると思い、そんな言い方では解決しないと考えた。彼は立ち上がると、いくぶんゆっくりとした口調で「これ以上料理を注文しないでくれ」と大声でフォンに言った。フォンはまるでトイレにでも行くかのように、席を立った。10分と経たずに、新たな料理が次々とテーブルに運ばれてきた。ビルは激怒した。顔を真っ赤にして大声で叫び始めたのだ。彼が大声で叫べば叫ぶほど、フォンは幸せそうな顔をし、ビルはさらに怒るという有様だった。手助けするにはもう手遅れだった。

この経験を通して、中国に長年住む人にはもう一つの強みがあることに気づいた。怒りを何度か爆発させるうちに、やがてこのように文化の違いから小さな衝突が起きても、肩をすくめてやり過ごせるようになることだ。中国人はこのような出来事を個人的には捉えないし、外国人も長年中国に住めば気にしなくなる。

直線思考と水平思考が衝突したケースをもう一つ紹介しよう。上海の中心地にある北欧系企業のオフィスから車で移動していたときのことだ。私はその会社のグローバルＣＥＯと共に車に乗って、上海郊外にある同社の製造工場へ向かっていた。運転手は同社の従業員で、社用車での移動だった。水平思考を働かせたのか、運転手は地図を持っておらず、代わりに道中で人々に道順を尋ねた。運転手は工場の場所をおおまかに把握していて、それで十分だと考えていたのだ。車を止めて道を尋ねること3回目にして、ＣＥＯはうんざりしたらしかった。会社の運転手なのに、オフィスから工場までの道のりを知らないとはいったい何事だ?

ＣＥＯは理性を失った。運転手に向かって工場に着いたらすぐに解雇するぞと怒鳴ったのだ。そして私に通訳してくれと言った。私は運転手に「上司がトイレに行きたがっているが、中国式の公衆トイレは使えない。だから急いで工場へ行ってくれ」と通訳した。「きみは解雇されるぞ」などとは言えなかった。そんなことを言おうものなら、どこへ連れていかれるかわからない。ＣＥＯの顔は怒りで紫色になっていた。心臓発作を起こすのではないかと不安になるぐらいだった。

いくらか水平思考を駆使した私は、地元のバイクタクシーに頼んで、工場まで案内してもらってはどうかと運転手に提案した。何事も地元の人が一番よく知っているものだ。バイクタクシーが承諾してくれて、私たちは10分ほどで工場に到着した。あの運転手がその後どうなったかはわからない。工場に着くと、ＣＥＯは現地の中国人幹部らに大声で怒鳴った。しかしＣＥＯがさらに困惑したことに、幹部らは大問題だなどとは考えていなかったようだ。というのも、このときの中国は急速な経済発展に伴って道路が次々とできており、新しい道路をすべて網羅した地図はなかったからだ。

中国人とコミュニケーションを取るうえで、私が直線思考に取り入れたことがもう一つある。いかなる状況であっても中国人を批判しないことだ。本心はどうであれ、私はいつも彼らの味方につくようにしている。私があまりに中国人の側に立つものだから、彼らが自分たちで議論を始めることもある。たとえば中国で留学生だった頃、私はいつも貧富の差が小さくて社会的にも公平性が高いことを理由に、資本主義と比べていかに社会主義が良いかを主張したものだ。さらに私は、豊かではないことは、多くの犯罪や腐敗、その他の社会問題の予防になっているとも主張した。すると、数人のクラスメートが、きみは何も理解していないと言って、社会主義や計画経済の問題点を次々と説明し始めた。すると政治的に公正な立場を取る学生が私に加勢して、社会主義の利点について彼らと議論することになった。クラスメートの議論を聞きながら、私は多くのことを学んだ。仮に私が中国を批判するより他はない場合は、私はいつも中国人全般が問題とみなすテーマを取り上げた。たとえば、深刻な環境汚染、人口過多、社会が急速に変化しすぎて中国国民が混乱している、などといったテーマだ。この方法なら調和と信頼関係が保たれるし、私も中国人が面子を失うような発言をせずに済む。

第12章 水平思考を使って酒の誘いを辞退する方法（サバイバルスキル）

中国に住み始めたばかりの頃、同じ学部の卒業生のディナーに招かれたことがある。テーブルの上座にいた出世頭のビジネスマンが、ピリッとした味わいのマオタイ酒を掲げて、私のために乾杯してくれた。グラスは標準的なショットグラスの半分ほどの大きさだったので、私はこれぐらいなら大丈夫だろうと飲み干した。だが、それは大間違いだったと言うほかない。私が外国人だったこともあり、その隣の席の人も私に乾杯してくれたのだ。さらに次の人も。同じやり取りがテーブルを一巡するまで続いた。一人と乾杯しておきながら、別の人を断ろうものなら、その人の面目をつぶすことになるため、私はどの誘いも断れなかった。食事の後半にも、私は再びテーブル全員と乾杯することとなった。結局、私はマオタイ酒を16杯飲んだが、私以外の人たちは2杯で済んだ。

（華北ではこのようなことは起きないだろう。大酒飲みが多い華北だったら、全員が私と一緒に乾杯して飲んだだろうから。だが、私がいたのは上海だった。蛮族による侵略はいつも北部から起きたと言われていることを考えれば、華北には元気で陽気な人たちが残り、理性的な人たちは南部に移住したのかもしれない）。

その晩、寮に戻る頃にはおそろしく気分が悪くなり、人生で最悪の頭痛に悩まされた。まるで誰かに頭を木板で押さえつけられて、その上からゴムハンマーで叩かれているみたいだった。

この経験から学んだことがある。同じテーブルの一番偉い人からの乾杯の誘いを断ることができれば、他の人の誘いも断っても支障はないということだ。中国で晩餐会に出席する場合、酒は飲むか、飲まないかのいずれかだ。私はあのディナーのときから酒を飲まなくなった。以後20年以上禁酒を続けていることを思えば、あの経験に感謝しなくては。

となると、問題は酒の誘いをどう断るかだ。「お酒は飲まないので」とか「お酒は好きではないので」とか「健康上の理由がありまして」といった直線的な理屈は通用しない。中国人はあきらめずに、「ちょっとだけ飲みませんか。一口でいいですから」と説得してくるだろう。彼らはとても粘り強いのだ。「宗教的な理由がありまして」などと言おうものなら、場がしらけて会話がぎこちなくなる。アメリカなら、両手を持ち上げて車を運転するしぐさをするだけで、すぐに皆が理解してくれるのだが、中国人はこの方法でも食い下がってくる人がほとんどだ。

そのうちに、酒を断るための水平的な言い訳集ができた。どれも論理的には筋が通らないが、毎回私がお酒を飲まずに済んで、しかも皆のハッピーな気分を損ねない言い訳ばかりだ。今でも使っているものがあるが、効果は抜群だ。私のお気に入りの一つは慣用句を引用することだ。「たばこを吸わず、酒も飲まないなら、あなたの人生は死んだ犬ほどの価値もない」というもので、中国語では韻を踏んでいる。

中国人は状況からおもしろさを感じ取るため、「老外（外国人）」がこんなにローカルな中国語の慣用句を口にするだけでも、びっくりしてしまう。言うまでもなく、酒を飲まないせいで私の人生は死んだ犬ほどの価値もない、だから私は酒を飲まないよ、という主張は筋が通らない。しかし、水平的な論理を使う人には効果があるのだ。これは自分を卑下する行為だ。この言葉を引用することで、私の地位は他の参加者よりもぐんと下がると同時に、彼らの地位が上がる。この言葉が非常に効果的なのは、そうした側面もあるからだと思う。逆説的だが、こうした方法で自分を下げることで私の性格が伝わると同時に、圧力には屈しないぞというメッセージも伝わったのかもしれない。大抵の場合、みんなは声を上げて笑うが、それ以上は酒を勧めてこない。他に私が言い訳に使う慣用句には「あなたが酒を飲まなければ、その市場で大もうけできないだろう」というのもある。

小話をすることもあるが、前述の慣用句と同じ理由で、毎回うまくいく。お酒を辞退したいときに私が頼りにするジョークを紹介しよう——ある裕福な男が車で帰宅する途中、道路脇にホームレスの男を見かけて、運転手に車を止めるように指示した。彼は窓を開けて男に話しかけたものの、財布を忘れたことに気づいた。お金がない。その代わりにたばこを一箱つかむと、それを男に差し出した。男はわびてから、たばこは吸わないのだと弁解した。次に彼は酒を差し出した。だが、男は酒は飲まないのだという。裕福な男はこの男を不憫に思い、温泉に連れて行くから、そこで若い女性と一緒に過ごしてはどうかと提案した。ホームレスはまたもやわびを言って、そのようなことはしないのだと弁解した。それを聞いた裕福な男は、すっかり興奮して車に乗れと男を促した。男はなぜかと理由を尋ねた。裕福な男は、「家に連れていって、酒もたばこも女遊びもしない男がどんな格好をしているか妻に見せてやりたいんだ」と言った。

歴史的な人物にまつわるジョークも役に立つ。軍人で政治家の林彪《りんぴょう》は酒もたばこもやらずに、63歳で亡くなった。周恩来元首相は酒は飲むがたばこは吸わずで、77歳で亡くなった。毛沢東はたばこは吸ったが酒は飲まずで、83歳で亡くなった。鄧小平は酒もたばこもやって、93歳で亡くなった。軍人の張学良《ちょうがくりょう》は、酒とたばこどころか、女遊びにギャンブル、おまけに大食漢だったが１００歳まで生きた、というものだ。

またしても、この話は私が酒を飲まない理由にも、乾杯を断る理由にもなっていない。それどころか、論理的には私が酒を交わした方がいいことを示唆する話である。にもかかわらず、このジョークを言うたびに、中国人の仲間たちの笑いを誘うと同時に、私が酒を飲む気がないことも伝わる。言うまでもなく、なごやかな雰囲気を壊さないように、私はいつも笑顔とおどけた仕草でこうしたジョークを言うよう心がけている。

要約すると、中国の人たちと効果的にコミュニケーションを取るこつは、自分の目的を論理的に考えないことだ。それよりも自分と相手との人間関係、その人の地位や能力、その人のモチベーション、その人の「面子」や社会的な立場、そして自分の目的を果たすにはどう言えば相手を動機づけられるかを考えよう。具体的には、共通の立場、相手が信じていること、相手の社会的な立場を持ち上げる方法、あるいは相手が快く同意してくれそうなことを言うのだ。

第13章　真実を相対的に見る中国人

「ここでは中国人の論理の問題を扱う。中国人の論理は自分たちにとっての真実に基づいている。彼らによると、真実は決して証明されることがなく、ただ提示されるだけなのだ[78]」

——林語堂

水平的な論理の他に、中国人の思考として特徴的なのが、真実は相対的なものだという考え方だ。中国は東洋に位置しているが、東洋では時間を循環的なものと捉えており、絶対的で不変なものはないと考えられている。真実は常に相対的なのだ。季節は移り変わる。王朝は興っては滅びる。円のモチーフは循環だ——風水の方位盤、風水輪、干支、陰陽太極図など、どれも無限に回転し続ける円として描かれている。

陰陽太極図は円の形をしていて、なかには黒と白の「陰陽魚」が互いに影響し合いながら旋回し続ける様子が描かれている。中国人はよく「運命の輪が回る」というたとえを使う。あなたが困難に見舞われたら、「運命の輪が回って、またあなたに有利な状況になるから、それまで我慢しなさい」とアドバイスされるだろう。実を言うと、中国にはフォーチュンクッキー（訳注：おみくじの入ったクッキー）はない。これはアメリカ人が考案したものだ。とはいえ中国人は栄枯盛衰や運勢の浮き沈みを強く信じていて、違う文化圏の人には迷信だと思われることがある。

この信念体系の一部は中国の風水思想にも見られる。風水とは、中国人が考える自然界の法則に従って環境の要素を整える思想だ。風水はいつも円の形で図示されるが、私が聞いた話では、航海で使う円形の羅針盤は、昔の中国人が風水で使うために発明したのだそうだ。

風水のアドバイスをいくつか紹介しよう。家の玄関の近くに魚を置くと、魚が尾びれを絶え間なく動かして悪い運気を追い払ってくれる。家の玄関付近に鏡を置いてはいけない。鏡が良い運気をはね返して遠ざけてしまうからだ。リビングから玄関口までまっすぐに続く廊下は金運が悪い。お金がまっすぐに流れて出て行ってしまうからだ。裏側に山がある家は、安全だと言われている。水は富を表すため、家のなかか玄関付近に小さな噴水を置くと、富が家のなかから湧き出してくる。ただし、富が流されないよう、トイレのふたを閉めておくこと。

風水にまつわる話で私のお気に入りは、日本のディベロッパーが１０１階建ての上海ワールドフィナンシャルセンターを建てたときの逸話だ。当初の設計では、ビルの頂上に大きな穴を設置する予定だった。かなりの高層ビルのため、この穴から風を通すことで、強風でもビルが大きく揺れないようにするのだ。また、このビルは空に向かって湾曲するデザインだった。だが地元の風水師は、「頂上に円い穴があるビルは、日本人が短剣で上海の心臓を突き刺す象徴となり、大いなる災いをもたらすだろう」と明言した。頂上の穴は、ちょうど日の丸のような形をしていたのだ。かくして中国人は、デザインを変えるべきだと訴えた。設計図は修正され、円形の穴は長方形の穴に変わった。現在このビルは、巨大な栓抜きみたいだと言われている。

干支も円で表されるが、円は12等分されて、12種類の動物がそれぞれの時期にあてはめられている。円のなかには五行（水、木、火、土、金）も配置されている。五行は5年で一巡する。そのため水の辰年に生まれた人には、12年後には火の辰年、その12年後には金の辰年が巡ってくる。60年かけて周期を一巡したあとは、同じサイクルを再び一から始める。中国では、人間の性格と運命は、生まれた年の干支と五行のどれにあてはまるかで決まると考えられている。カップルは、それぞれの干支で相性の良し悪しや、結婚したあとに幸せになれるか否かを判断される。結婚式は縁起の良い日に行われることが多い。子どもの出生数も、年によって増えたり減ったりする。辰年生まれは幸運とされる一方で、中国人は意図的に未《ひつじ》年の出産を避けようとする。未年生まれの子どもはとても引っ込み思案で、中国の熾烈な競争社会では成功できないと言われているからだ。

円の上では、どの点も円の反対側の相対的な位置に別の点を設けることができる。真実はどの位置から見るかで常に変わってくる。中国では、真実は相対的なものだという信条が法律にも反映されているため、法制度も真実と正義という絶対的な概念ではなく、権力に左右されがちだ。

天安門事件の頃に、この傾向をうまく捉えたジョークが出回った。一人の学生が「共産党反対」と大声で訴えたところ、逮捕されて懲役2年を宣告された。別の学生は、「（国務院総理の）李鵬《りほう》はばかだ」と叫んで、懲役20年を宣告された。学生がなぜ自分の判決はこんなに厳しいのかと尋ねると、「国家機密を漏洩した罪に問われたからだ」との答えが返ってきた。

罪や罰がこのように気まぐれに決まってしまうせいで、中国人は人生、自由、幸福の追求といった自明の真実の概念を鵜呑みにはしない。歴史的に見ても中国で生きることはサバイバルであり、人々は幸運を願ってきたのである。

弁護士のシドニー・シャピロは、著書『The Law and Lore of China's Criminal Justice（中国の刑事裁判の法と知識）』（未邦訳）のなかで次のように書いている。

「封建制度の中国において、庶民は法で守られることはなく、むしろ法の犠牲者であった。ささいな違反行為にも厳しい処罰が下された。道端で役人を遮って誤りを正すよう懇願した人は、まずは打ちのめさなければならなかった。それからでなければ、苦情を申し立てることができなかったのだ。法律は市民を弾圧するものであって、市民に権利を与えるものではなかった。人は『時代にふさわしくない行動』を取ったかどで処刑されることもあった。つまり政権を批判する者、おとなしく従わない者、ひとかどのプライドや自信を持つ者は誰であれ、『盗人や強盗よりもはるかに危険な人物』と見なされたのだ[79]」。

こうした要因が重なった結果、長い歴史のなかで中国人の善悪に対する柔軟な態度が発達していった。林語堂は中国の司法は科学よりもアートに近いとたとえた。さらに、同じような犯罪事例であっても、裁判官が抽象的で絶対的な法を等しくあてはめるのではなく、個人的に法律をあてはめ、個別に判決を下しがちだったとも述べている[80]。法律は、個別の出来事や状況に自由にあてはめられたのだ。林によると、法律だけでなく、個人の意見もあいまいに判断されるという。「中国人は往々にして『Aは正しい。ということはBも間違ってはいない』と判断する[81]」。私の視点からすれば私は正しいだろうし、あなたの視点からすればあなたは正しい、あるいは異なる状況の異なる時ならおそらく正しいだろう、といったところだ。すべてが流動的なのである。

「人間万事塞翁が馬」のことわざの起源となった中国の昔話が、この思想をうまく要約している。どんな話かというと、ある日、ある老人の家から1頭の馬が逃げた。村人たちがやって来て、何と運の悪いことかと老人に同情した。老人は「どうしてそんなことが言えるのか?」と問うた。後日、馬が3頭の野生馬を連れて家に帰ってきた。隣人たちは老人におめでとう、何と幸運なことかと感嘆したが、老人はただ「どうしてそんなことが言えるのか?」と返した。後日、老人の息子が野生馬から落ちて、腕の骨を折った。隣人たちがやって来て、老人の不運に同情した。老人は「どうしてそんなことが言えるのか?」と答えた。後日、軍隊がやって来て老人の息子を徴兵しようとしたが、腕が骨折していたため、息子は徴兵を逃れた。隣人たちがやって来て、老人の幸運を喜んだ。老人はまたしても「どうしてそんなことが言えるのか?」と答えた。この話からわかるように、絶対的な真実がない世界では、物事の善し悪しを判断することは不可能だ。実に複雑で、予測不可能で、絶え間なく変わっていくこの世の中で、自信たっぷりな言葉で物事を判断することはできない。良さそうに見えることが悪いこともあれば、その逆もあり得るからだ。

真実について柔軟に考える中国人に、アメリカ人は初めのうちは少し混乱するだろう。

私が中国で大学院生だった頃のことだ。夏のインターンシップ先を探していた私は、担当教授に推薦状を書いてほしいと頼んだ。すると教授は「自分で書いて持ってきてくれ、そうしたら署名するから」と答えた。私の聞き間違いかと思ったが、クラスメートによると中国ではそれが普通なのだという。

他にも、中国の大学に通う一学生として、学生、とりわけ男子学生によるカンニングが横行しているのにも驚いた（もっとも、私はやましいところはないと主張するつもりはないが）。学生にしてみれば、カンニングなどたいしたことではない。中国における最大の難関は、大学入試を突破することなのだ。競争は苛烈を極め、学生たちは入試で良い成績を取ろうと死ぬほど勉強する。合格して一流の大学に入れば、それで自分の価値を証明できるため、学部や大学院の勉強で神経をすり減らす必要はなくなる。そういうわけで、私の周りの学生たちもカンニングの技術は実社会でも役に立つなどと言って、自らを正当化していた。

外国人は中国人を見て、どうやったらリバースエンジニアリングだの、特許侵害だの、産業スパイだの、サイバー窃盗だのといった厚かましい手段で技術を盗めるのかと首をかしげることがある。中国人は、自国が西洋の帝国主義支配によって一世紀もの間不当で許しがたいほどの屈辱を受けたのだから、こうした行為で報復しているのだと考える。日本の産業技術の多くは、元々はアメリカにライセンス料を払って技術を使い、その技術を改善してライセンス契約を解除するというやり方で発展してきた。東アジアの企業は報酬がさほど高くない。そのため、退職した技術者たちを高額報酬のコンサルタント業務という枠で誘惑し、製造上の企業秘密をしゃべらせる企業が存在する。韓国は退職した日本人技術者を積極的に採用して、彼らから技術上の秘密情報を引き出した。そして今度は中国が、日本と韓国の退職した技術者たちを積極的に採用している。アジア人は、恋と戦争とビジネスにおいては手段を選ばず、なのである。

　真実に対するアジア人の柔軟な姿勢を物語る、私のお気に入りの話がある。ある日本の鉄鋼企業が、自社の高度な製鋼技術を韓国の大手鉄鋼企業が盗んでいるのではないかと疑ったが、証拠が見つからなかった。ところが、まさにその韓国企業が、技術を盗んで中国の大手鉄鋼企業に売ったとして自社の元従業員を訴えたのだ。結局のところ、韓国企業が盗まれたとして中国企業を訴えた技術は、もともと韓国企業が日本企業から盗んだ技術であることが判明した[82]。私が盗んだ技術を盗むとはけしからん！　というわけだ。

　外国人は早い段階で中国には「あなたの基準次第だ」という決まり文句と概念があることを学ぶ。何かが善いか悪いか、または正しいか誤りかの判断は、あなたの基準次第となる。中国人は、すべてをプロセスと見なす傾向がある。アメリカ人が中国の人権（正確には市民権のこと）を批判するのをよく見かける。中国人はこの問題を一プロセスと見なしており、状況のなかで捉える必要があると認識している。アメリカやヨーロッパの基準と比べると、中国の人権は劣っているかもしれないが、そもそも西洋各国とは発達段階が違う。中国はこの数十年間で急速に成長して、数億人を貧困から救った。これは人権問題の改善という点で大いなる功績だ。もちろん中国人は依然として問題があることも、改善の余地があることも知っている。だが、まったく異なる文化的背景を持つ人々から絶対的な基準で判断されるのを嫌う。彼らから見れば、はるかに発達した国々の人たちが、断定的な口調で中国を批判するのはお門違いなのである。

　絶対的なものへの信頼を欠き、直線的な論理を磨かなかったために、中国はいくつかの問題を抱えることになった。その一つが科学的な思考が発達しなかったことだ。唐が栄えた７～９世紀にかけて、中国の文明は絶頂期を迎え、世界に引けを取らない水準に達した。ところがその後１０００年にわたって、中国は世界に後れを取った。これは彼らの考え方のせいで国内の科学が発達しなかったからだ[83]。林語堂によると、中国は数学と天文学を他国の文化から輸入したものの、文法体系を作らなかったという。大きな抽象的な概念（例として、慈悲、親切、礼節、忠誠が挙げられている）の発達も遅れたが、それはこうした概念に関する議論が一般論に終始してしまい、概念があいまいなまま放置されたからだ[84]。

こうして抽象的な概念が発達しなかったために、中国人は知覚に基づく表象に重きを置くようになった。中村元は『東洋人の思惟方法／シナ人の思惟方法』のなかで、中国人は現実における具体的で個別的な事例——特に視覚的表象——を重視することで、個別的な事例に関心を抱くようになったが、普遍的なものを形作ることにはいたって無関心だったと述べている[85]。

この種の考え方をする人は、観察の裏付けを取ろうとはするが、そこからパターンを見つけて、それを基に理論を構築しようとはしないものだ。理論の発達なしに、中国の科学者たちが互いの研究成果を積み上げていくことはできない。今日の中国では、模倣することでこの問題を克服している。勉強熱心な彼らは、西洋の科学的研究手法はもちろん、技術も徹底的に研究して模倣する。真実は相対的だという信条は、中国の発展を何百年間も妨げてきたが、そんな時代も終わった。今や中国には、西洋に追いつくための手段がある。

中国人の考え方はバランスが取れているという意見については、反論すべき点はあまりない。アメリカ人と同じように、中国人も文字通りの言葉でも抽象的な言葉でも考えることはできるが、大抵はその中間あたりに落ち着く。中国人は、日本人のように文字通りに世の中を見ることはない。中国で買い物したときに、財布の中身が1ペニー足りなくても、彼らは眉一つ動かさないだろう。中国人兵士がフィリピンで29年間放置されたら、家族を作ってビジネスを始めていたに違いない。

日本人と違って、中国人は抽象的な思考ができる。歴史的にも、中国人は多くの重要な発明や思想に貢献してきた。たとえば、古代の中国は世界４大発明を生み出した――火薬、羅針盤、紙、印刷術だ。思いがけないことに、中国はアイスクリームとレストランも発明している。しかし、中国は金融や政治哲学などの現代の抽象的な理論の発展や現代の世界にはさほど貢献していない。中国の政府は名目上は共産主義（西洋の概念）で、経済はいくぶん社会主義的だが、基本的には資本主義（これも西洋の概念）だ。林語堂の言葉を借りれば、中国人は全体を見渡して考え、具体的かつ個人的でありながらきわめて常識的なのだ。中国人は抽象的な概念は避けるが、格言は受け入れる。[86]

第14章　中国で規則を厳守してはならない理由

林語堂は『我国土・我国民』（豊文書院）のなかで、規則の順守に関する秀逸なエピソードを紹介している。中国国民党は、南京で国民政府を運営していたときに、中国人高官に外国人居留地に事務所を構えることを禁じる政令を出した。第二次世界大戦前、上海はさまざまな外国政府によって外国人居留地が設けられており、当時この政令は、すでに上海にあった事務所を閉鎖しなければならないことを示唆した。これは上海に住む閣僚にとって問題であるだけでなく、事務所で働く公務員は今にも職を失うことを意味したのだ。この決定を撤回させることは不可能に見えた。というのも上海に留まりたいと要求するには、外国のポストに就きたいと表明する必要があり、そんなことをすれば非国民と見なされる恐れがあったからだ。

上海を拠点とする閣僚たちは、この決定に異論を唱えなかった。このような変更は不便かつ非実用的で、お金もかかると指摘することもなかった。その代わり、はるかに聡明でお金のかからない解決策を打ち出した。表札を買って、上海事務所の正面に「貿易検査事務局」という新しい名前を掲げたのだ。これで全員が仕事と名誉を守ることができた[87]。

林は、規則の順守にまつわる対照的なエピソードも紹介している。政府はミッションスクールに対して、学校として登録したければ三つの新方針を導入するよう求めた。一つ目はカリキュラムから宗教教育を外すこと。二つ目は、講堂に中国国民党総理であった孫文の肖像画を掲げること。そして最後に、毎週月曜日に孫文の追悼集会を実施することだった。スクール側はそのような変更は受け入れられないと考えたが、当局はごく普通の規制であり、ミッションスクールでも容易に導入できると考えた。一部の伝道団体は、学校の閉鎖を決めた。なかには新方針に従った学校もあったが、頑固で正直な西洋人の校長が、学校のパンフレットのなかに、宗教指導は当校の目的の一つだという一文を残した。その学校は登録申請を却下された。

この展開について林は、学校は新方針に従ってすべてを変更し、「あとはア・ラ・シノワーズで進める」べきだったと述べている[88]。言うまでもなく、ア・ラ・シノワーズとは「中国人のように」という意味のフランス語だ。

私が中国の大学で正規の学生（交換留学生ではなく）だった頃に、同じような状況に直面したことがある。学生は皆、小論文を書いたら、そのあとに江沢民国家主席（当時）率いる中国共産党を支持する旨を指定の用紙に記入しなければならなかった。私がこの用紙に記入も署名もしなかったために、指導教官は私が卒業できないかもしれないと心配し、「とりあえず記入しろ、その意味については一切考えるな」と私を諭したことがあった。

しかし私はその誓約書に署名しようか葛藤したわけではない。中国人の振る舞いを嫌というほど見た私は、この国は絶対的な規則で厳しく管理する必要があると考えていたからだ。ほんの数週間前に、１００人ほどの出稼ぎ労働者たちが、運転手がドアを開けなかったために、バスを横転させるところを目撃したばかりだったのだ。車内には運転手がいたにもかかわらずだ。バスはバス停に向かうところだったが、労働者たちは座席を確保しようと我先にとバスに押し寄せた。バスはまだ動いていたため、運転手は彼らにドアから離れるようにと何度も手を振った。無茶な争奪戦だった。バスを止めようと、労働者たちはバスのフロントに飛びついた。バスはまだ交差点にいて、バス停まであと10メートルほどあったため、運転手はドアを開けなかった。すると労働者たちは急いでバスの側面に移動すると、今度はバスを押し始めた。私が驚いたことに、バスは左右に揺れ始め、揺れはどんどん大きくなり、最後の力強い一押しでとうとうバスは横転した。

私はあきれるとともに、この国には厳しい規則と強い中央政府が必要だと実感した。おまけに私は、鄧小平と彼が主導した改革開放政策を絶賛してもいた。当時、鄧小平はまだ健在で、数億人もの人々が貧困から抜け出したことで、中国の人権問題が大いに改善したことに議論の余地はなかった。中国人に安定と発展をもたらした中国共産党に、私は喜んで支持を表明した。指導教官は、私が中国共産党を支持しようが、支持しまいがどちらでも良く、ただ用紙に江主席を支持する旨を記入して署名してもらいたい一心だった。私の真意などどうでも良かったのだ。

　状況は今も変わっていない。中国は一定の規則を作るが、それが完全に順守されるとは期待していない。自国民が法律を厳守するとは期待されていないなかで、法律至上主義的な欧米企業が思いがけない規則違反でつかまることがある。警告しておくが、中国当局はこのような企業の脇のあまさにつけ込んで、規則違反を表向きの理由として「やっかいな企業」を捜索することがある。たとえ他の競合他社が同じことをやっていようが関係ない。公になっていない規則違反を罰することが目的だからだ。中国では、このやり方は大抵うまくいく。最近の例では、２０１４年にグラクソ・スミスクライン（ＧＳＫ）が贈賄事件で高額な罰金を科された。中国では医薬品の営業に関する規則はグレーゾーンだ——実にあいまいなのだ。ＧＳＫは問題となって処罰されたが、同社がやったことは競合他社の大半（場合によっては全社）がやっていることでもあった。ＧＳＫの真の違反行為は他にあったに違いない。

中国には「上に政策あれば、下に対策あり」という言葉がある。これについておもしろい例がある。２０１２年の暮れに習近平国家主席が反腐敗運動を始めると、中国共産党は官僚や党員に五つ星ホテルに泊まることを禁じた。その対策として（これは中国の優れた水平思考の一例でもあるが）、人気の五つ星ホテルが自らの格付けを四つ星に下げた。同様に、党幹部らのぜいたくな宴会を厳しく抑制しようと、質素な食事を推進する「四菜一汁」運動も行われた。するとレストランは、大皿にさまざまな料理をすみずみまで盛り付けた料理を４皿提供し始めた。中国語のことわざにあるように、「山高、皇帝远」すなわち「山に隔てられているため、皇帝の威力が及ばない」というわけだ。

私が聞いたあるエピソードは、規則を厳守すまいとする中国人の精神をうまく物語っていて、水平思考の彼らの傾向がよく理解できた。ある年、私は江蘇省にあるクラスメートの実家で春節を過ごした。彼の実家は小さな町にあったが、彼の祖母は南京出身だった。彼女の年齢から、私はどうしても気になって第二次世界大戦の頃に南京にいたのかと尋ねた。彼女がそうだと答えたので、私はそのときの経験を聞かせてほしいと頼んだ。彼女は、家族ですら知らなかった話を教えてくれた。日本軍が南京にやって来たとき、彼女は妊娠していたという。侵攻してくる日本軍を前に、中国軍は拡声器を使って「逃げるな！　逃げるな！」と叫んだ。

「で、どうされたんですか？」と私は尋ねた。

彼女は逃げたと語った。

「逃げなかった人たちはどうなったんですか？」

みんな日本人に殺されたのだと彼女は言った。彼女自身はというと、畑に行って一人で子どもを産んで、石でへその緒を切らなければならなかったという。私は衝撃を受けた。何と言っていいかわからず、ようやく「それは痛かったでしょうね」と小声で言った。

彼女はまるで、この世で唯一の間抜けを見るような目で私を見た。中国の歴史を思えば、規則に従わない本能が強いのも無理はないだろう。

中国人は、直線的な論理の代わりに常識を支持する。林によると、彼らは論理よりも常識に従う方がまともだと考える傾向があるという。論理に従う場合、人は真実をさまざまな要素に分解して詳細に分析する。すると真実の全体像が見えにくくなるだけでなく、論理をあてはめることで、その独特な状況を作り出した傾向や影響がわかりにくくなる。ところが常識的な考え方は「その状況をありのままの全体像として捉える」ため、中国人は観察、理由、人間性も考慮できるようになる。[89] アメリカ人の私にはこのことがなかなか理解できなかったが、上海でバスに乗っていたときに身をもって学ぶこととなった。

中国の修士課程は3年間で、大学院生は、最終学年になると修士論文の執筆が中心となる。多くの学生はこの期間を利用してインターンシップで働き、職場経験を積む。私はヨーロッパ系の銀行でインターンシップを見つけ、毎日往復3時間かけてバスで通勤した。道は渋滞していて環境汚染は悪夢のよう、冬は凍てつくほど寒く、夏は焼けつくほど暑かった。

気温が摂氏38度を優に超え、湿度も１００％に近かったある夏の日、私はバスに乗り込むと後方の座席に座った。ほどなく一人の出稼ぎ労働者がたばこを吸いながら乗車してきた。幸いにも中国では電車やバス内での喫煙を禁止する法律が可決されたところだった。そこはバスの発着所で、発車までにまだ時間があった。ドアはまだ開いていた。男は車掌の目の前でたばこを吸っていたが、乗車したばかりだったのでまだ許される状況だった。すると私が驚いたことに、ドアが閉まってバスが発車すると、男が次のたばこに火をつけたのだ。彼は「禁煙」の表示の真下に座っていた。車掌は私に呼びかけたが、私はバス代の1元（約12セント）を支払うのを拒否し、公共バスではたばこを吸ってはいけないはずですが、と言った。女性車掌は「あなたには関係ないでしょ?」と言った。「あの人はルールを破って、バスの空気を汚して皆に迷惑をかけています」と私は主張した。彼女はまたしても私にバス代を支払うようにと求めた。私が「バス代を支払うのはルールですか?」と尋ねると、バスの車掌は力強くそうだと答えた。「バスのなかではたばこを吸ってはいけないというのもルールですよね？」と私は返した。車掌はうんざりして、私以外の乗客からバス代を集めた。

たばこを吸い終えると、その出稼ぎ労働者がこちらにやって来て私の前に立った。身長が１５０センチほどしかなかったため、私は座席に座ったままで、男が私を批判するのを聞いていた。男の方言が強くて聞き取るのに苦労したが、「おまえこそ国へ帰って屎尿《しにょう》でも運んでろ」という侮辱的な発言は聞き取れた。男は自分の席へ戻り、車掌は私にバス代を払えと言った。私は彼女に、あの「シャオ・リウ・マン」（小悪党という意味で、侮蔑的な呼び方だ）を責められないが、バスの車掌はもっと教養と分別があるはずだが、と苦言を呈した。というのも、車掌でありながら車内での喫煙を禁ずる法律を守らせていなかったからだ。彼女は怒鳴って私をばか者呼ばわりした。私は彼女が「責任を怠った」と指摘したが、これも中国語ではひどい侮辱に相当する。私はばつが悪くなって、いくらか正気を取り戻し、バス代を支払った。

私は自分の考えが正しく、みんなのために立ち上がったのだから、他の乗客から支持されるだろうと思っていた。だが、実際の反応は正反対だった。私の前に座っていた身なりの良い男性は、きみは完全に間違っているし、常識のかけらもないと説いた。中国ではつい最近法律が変わったばかりで、皆がすぐに法律を守ると期待するのは無理な話だと語った。改善に至るまでにはプロセスがある。バスのなかで喫煙者が一人しかいないというのは、大いなる進歩なのだ。私は同意するしかなかった。かつては、バスの乗客の半分がたばこを吸っていたのだから。この男性の言いたいことはわかった。「でも、中国の法律で禁煙が定められたんですよね？」と私は尋ねた。

「ああ。だが、中国が中国人に中国の法律に従うよう要求するならともかく、どうしてアメリカ人のきみが中国の法律に従えと主張するんだい？　きみは世界の警察官じゃない」と彼は言った。周りの人たちは皆同意した。私は男性に説明してくれてありがとうと言った。

私は自分が間違っていることを自覚した。バスから降りるときに、バスの車掌と出稼ぎ労働者に謝った。私の背後でドアが閉まる際、あの出稼ぎ労働者が立ち上がって、私に向かって「中国人はそう簡単には脅されないぞ」と怒鳴った。

これはおもしろい。私は誰かを脅そうとしたわけではなかった。それで私はこう言い返した。「中国人は自分たちの規則に簡単には従わないしね」。

バスが発車すると、乗客の半分ぐらいが窓の外に腕を突き出し、振りかざしながら大声で私を罵った。私は、彼らの国で自分の基準をあてはめるのをやめた。さらに私はその後の数日間、奮発してタクシーに乗ることにした。

そうとも、私は不快なアメリカ人だったし、自分の振る舞いを言い訳できないが、一つわかってほしいことがある。上海は酷暑続きで、一か月もの間気温が摂氏38度を超える日が毎日続いた。湿度も容赦なかった。ぎゅうぎゅう詰めのバスに揺られて、あのひどく汚染された道を1日3時間かけて行くのがどれだけ過酷かをうまく説明するのは難しい。あまりに暑くて、夜眠れないほどだったのだ。まるでオーブンのなかで眠ろうとしているかのようだった。体重がぐんと落ちて、正気を失いそうだった。まだ20代だったが、帯状疱疹にもかかった。

その年の夏は、実家に帰りたくても電車賃を払う余裕がない貧乏学生だけが寮に残った。サウナのように蒸し暑かったある晩、私は似たような数人の学生たちと一緒に過ごしていた。すると、上海の別の大学に通う学生が、ルームメイトの毎晩のいびきに耐えられなくなり、刃渡り7センチほどの果物ナイフでルームメイトの首を切りつけたという知らせが飛び込んできた。切りつけたあと、学生は再び眠ったという。翌日警察が駆けつけると、学生はすぐに罪を認め、夜にぐっすり眠りたかっただけだと言ったそうだ。聞いた話では、彼は同日処刑され、彼の両親に銃弾の代金の請求書が送られたという。当時の記憶として私のなかに刻まれている光景では、この話を聞いたとき、皆が汗だくのTシャツを着ていて、暑さにあえぎながら肩をすくめただけだった。確かに残酷な事件だったが、私たちにはその状況がありありと想像できた。あまりに暑くて、その学生の犯行にも驚かなかったぐらいだ。バスの車掌や出稼ぎ労働者との言い争いで済んだのだから、私はラッキーだったのだろう。

第15章　漢字

紀元前220年に中国を統一したとき、秦の始皇帝は中国で話されていた何百もの方言を統一する代わりに、書体を漢字に統一した。こうしてできた漢字は、中国で起きた内乱、動乱、王朝の盛衰、侵略、その他の苦難をも切り抜けた。漢字には中国文化が凝縮されている。

中国語は単音節言語だ。一文字は一音節で表され、標準的な中国語には四つの声調がある——平声《ひょうしょう》、上声《じょうしょう》、去声《きょしょう》、入声《にっしょう》だ。単語はすべて一つの漢字で表される。漢字は象形文字から成る。中村元は、中国人が象形文字を使うのは、彼らが目に見えるディテールを重んじるからだと指摘する。象形文字を見れば、中国人はそれが何を意味するかを直感的に理解できるし、象形文字は具体的なイメージを通して抽象的な概念を伝えることもできる。[90] 英語を中国語と同じように書いてみよう。「#1=♥#$」と書けば、「一番大事なのは愛であって、お金ではない」または「愛はお金よりも大事だ」という意味になる。中国語では、単語も熟語もみなこのように書く。もっと複雑な単語は、2文字以上の漢字を組み合わせて作る。

たとえば「女」という漢字。元々は腰をかがめる女性、またはひざまずく女性を表す象形文字だった。女と子どもを組み合わせた「好」という文字は、「良い」という意味だ。英語では、「good」という言葉が「良い」という抽象的な概念を表す。中国人は、水平思考を使って、良いものは何であれ母と子の良いイメージと関連づける。要するに、赤ん坊を抱いた母親は中国人にとってすべての良いものの代表的なイメージなのだ。現代中国語で「悪い」という意味を持つ「坏」という字は、「土」と「不」を組み合わせた漢字だ。つまり土地がないことは悪いということだ。漢字は長い歴史のなかで進化しており、特に毛沢東が地方や農村部の識字率を上げようと漢字の簡略化を進めた影響は大きい。「坏」という字も簡略化される前は、「土」と「褱」を組み合わせた「壞」という漢字が使われていた。新しい漢字の方がずっと簡単に書けるのがわかるだろう。簡体字になってから、漢字の成り立ちや意味、深みが失われたと批判する人もいるが、民衆が読み書きできるようになるために必要なことだった。

漢字は部首と組み合わせて新しい文字を作ることもできる。たとえば——

●女の頭上に屋根があるさまを表現した「安」は「安らか」を意味する。

●「妻」という漢字は、箒を持つ女性を表現したものだ（きわめて性差別的と思われるかもしれないが、漢字の多くは何千年も前に作られたため、中国を責めることはできない）。

●女と手を組み合わせた「奴」は、奴隷を意味する。

●奴隷と力を組み合わせた「努」は、努力を意味する。

●奴隷と心を組み合わせた「怒」は、怒りを意味する。

●豚の頭上に屋根をつけると「家」（太古の昔、豚は家のなかで飼われていて、生ゴミや人間の排泄物など、何でも食べた。非常に効率的なリサイクルシステムだ）。

●家に女が加わった「嫁」という字は、女性が嫁ぐという意味の動詞だ。

●ちなみに「男」は、田んぼと力を組み合わせた文字だ。

すべての文字に元の意味が残っているわけではないが、たとえば３０００年前は「石」と「皮」で「破」ることを意味したのだなと容易に理解できる。さらには、古代中国でどのような水平思考を経て「大」きい「羊」から「美」のイメージを見いだしたのかと考えるのも楽しい。

多くの場合、二つの漢字を組み合わせてもっと複雑な言葉が作られる。

●安らかを意味する「安」と完全を意味する「全」で「安全」。
●安らかを意味する「安」に「心」をたして「安心」。
●「大」きな「家」で「大家」、すなわち「みんな」という意味になる。
●「人」と「家」で「人家」、すなわち「他人」という意味になる。
●「老」と「人」と「家」で「老人家」、すなわち「お年寄り」という意味になる。
●「中国」は、言うまでもなく「中央」の「国」という意味だ。
●「日本」は「日」（日光の意）と「本」（源の意）。
●「美国《アメリカ》」は、「美」しい「国」。
●「英国」は「英」（英雄的の意）な「国」。
●「徳国《ドイツ》」は、「徳」（道徳的の意）な「国」。

ほとんどの国名には意味はない。たとえばイタリアの表記は「意大利」で、奇妙にもこれを訳すと「意味・大・利益」となるが、この名前に利益という意味を込めたかったわけではない。「意大利」と表記されるのは、この字で「イ・ダ・リ」と発音し、その音がイタリアに似ているからだ。文章を作るには、漢字を並べるだけで済む。たとえば、我（I）・爱（love）・你（you）で「我爱《アイ》你」すなわち「I love you」となる。中国語の語順は英語とよく似ていて、主語→動詞→目的語の順になる。「I don't love you」と言いたいときは、否定を意味する「不」を加えて「我《ウォ》不《ブ》爱《アイ》你《ニ》」、すなわち「I not love you」とする。

中国語を勉強したときに印象的だったのが「东西」だ。東と西を組み合わせた熟語で、「物」を意味する。直線的な論理が働く文脈で「東西」と言えば、地理か方向を指すのだろうと考える。だが、中国人の水平思考を使うと「物」という意味になる。中国は天国と地上の間にある「中央の国」なので、人間の世界に存在するものは東から西まですべてが「物」なのだ。

ある朝、太極拳を終えた私は、歩いて家に帰るところだった。私の前には、三輪自転車をこぐ老人と、連れだって帰宅する二人の若い女性たちがいた。老人は、不満があったか何かはわからないが、突然攻撃モードに入った急降下爆撃機みたいに加速して、大声で彼女たちを罵った。彼女たちが反応しようとすると、老人はぐるりと向きを変えて遠ざかると、再び近づいてきて罵った。老人が同じことを3回繰り返したところで、女性の一人が金切り声で「あんた、何物のつもりよ（你算什么东西）」と叫んだ。当時、「东西」という言葉を知らなかった私は、家に帰って辞書で調べた。これは「物」を意味する単語だと知って興味をそそられた。通常なら「何様のつもりよ」と侮辱するが、あの女性はその上をいって「何物のつもりよ？」という表現を使って、老人の品位を落とそうとしたのだ。

中国語で必須とされる約２０００字の漢字を覚えるには、何年も一生懸命勉強しなければならない。漢字は避けて通れないし、中国語を学ぶ学生には努力することを強くお勧めする。漢字には中国文化のエッセンスが詰まっていて、中国語を母国語とする人たちと同じように考えるには、漢字で考える必要がある。結局のところ、中国語の文字はすべて、何かの特徴を表したものだ。あらゆる思いやアイデアが水平的に関連づけられて象形文字で表現されているのである。

第16章　中国人にとっての家族と国家

中国では、家族制度の枠組みがとても広い。中国人の水平思考をあてはめれば、あなたの兄嫁の従兄弟のクラスメートの弟も身内に含まれるだろう。物事を文字通りに受け止める日本では家族と定義されるのは二親等ぐらいまでだが、中国ではそれよりもずっと広範囲の人たちが家族と見なされる。真実を相対的なものだと考えるせいか、中国人は身内に対する態度と、身内以外の人に対する態度が著しく異なる。

親族、つまり一族は中国でもっとも重要な制度と言っても過言ではないだろう。家族制度は長い歴史を通して受け継がれ、個人にとって最優先すべきものとされている。林語堂によると、「面子、恩、特権、感謝、礼儀、役人による汚職、公的機関、学校、同業組合、慈善、もてなし、さらには中国政府全体」を含めて家族制度は中国におけるあらゆる制度や社会的概念の基盤となっているという[91]。

家族がこれほど重要視されるのは、儒教の影響もあるが、国土が広いだけに国内紛争や外国からの侵略にしばしば悩まされるなかで、政府があてにならなかったからでもある。中国では家族はすばらしいものであると同時に、重大な社会問題を生み出す原因でもある。真実は相対的なものだからか、中国には二つのまったく異なる行動規範がある。親族や一族のなかでの行動規範と、仲間以外の人に対する行動規範だ。

　中国と日本の大きな違いは、日本の皇族は直接統治を行わなかったものの、約２０００年にわたって変わらずに地位を維持してきたことだ。だが、中国では状況は大いに異なる。中国ではたびたび王朝が変わり、農民による反乱も変革を引き起こしてきた。定義にもよるが、中国では、20〜36もの王朝があった。

　王朝が変わるたびに混乱が起きた。そんななかでも家族は不変であり続けた。ジャーナリストのカレル・ヴァン・ウォルフレンは『日本　権力構造の謎』（早川書房）のなかで、「中国の皇帝は、〝天命〟に従い恩恵を施し正義を守るとされたが、天照大神の直系の子孫として日本の天皇はそうした天の裏付けは必要とせず、永遠の慈悲の持ち主とされたのである」と説明している。[92] 日本の天皇は実権を握らなかったため、天皇が間違いを犯したり、国民の支持を失ったりする恐れはなかった。そうした背景から、国の統治者が次々と変わるなかでも、日本の天皇という制度は存続することができた。中国では皇帝が実際に国を統治してきたし、皇帝が支持や権力を失って天命をも失うと、その地位を奪われるのが常だった。

以前私が読んだ本には、満州族が支配する清朝の末期から孫文の中華民国が実権を握るまでの混乱期について書かれていた。満州族は、中国人の男子全員に弁髪（前頭部の髪を剃って、後頭部の髪を編んで背後に長く垂らす髪型）を強制した。そのうえ満州族の政権下では、弁髪を拒む男性は例外なく斬首された。中華民国の統治下になると、今度は弁髪の三つ編みをその場で切り落とさない者は皆、斬首されることになった。民衆は、自分の命が髪型に左右されるという大きな苦痛を味わった。中国よりもはるかに安定していた日本では、このような事態はほとんど起きなかった。

政治体制が継続されたこと以外にも違いはある。日本は１９４５年の第二次世界大戦の終戦まで外国の勢力に征服されたことがなかったが、中国は北部の蛮族による侵入を防ぐために万里の長城を築いた。残念ながら、アメリカの軍人ジョージ・パットンが指摘したように、「不変の防御壁は人間の愚かさを表す記念碑」となったが[93]。万里の長城は異民族の侵入を防げず、もっぱら中国人を内側に閉じ込める役割を果たした。中国は１０００年にわたって外国の勢力の圧力にさらされただけでなく、過去７５０年間については、３００年超もの間外国の支配に甘んじている。１２７１～１３６８年は、モンゴル民族の元王朝に支配され、１６４４～１９１２年は満州族の清王朝によって支配された（西洋や日本による破滅的で屈辱的な支配を受けた、1839〜1949年までのいわゆる「屈辱の百年」はここには含まれない）。

蒙古軍は二度にわたって日本に侵攻しようとしたが、兵船は暴風雨、いわゆる「神風」によって大打撃を受けた。他方で中国の人たちは、中国を侵略した異国の支配者を受け入れて、同化することを学んだ。異国の支配者は中国人の利益など一顧だにしなかったため、人々は自分たちで対処することを学んだ。家族はいつも確実に頼れる唯一の制度だったのだ。

中国人の家族重視は、儒教の影響によるものでもある。中国人にとっての家族の定義には、広い意味で友人も含まれる。儒教には「五倫」という五つの道徳法則があるが、林語堂は、君主と臣下の関係を表す「君臣の義」以外はすべて、中国人にとっての家族の関係性を定義していると指摘する。つまり、あらゆる道徳的行為がこれらの五つの重要な関係から生じるとされるなか、社会を構成する市民は主に家族との関係——すなわち父と子、夫と妻、兄と弟、朋友との関係——において道徳的行為が規定されているのだ。[94] これら四つの関係は、中国人が交流する内輪の集団を形成している。家族、親戚、友人、クラスメート、同僚などは仲間とみなされる。それ以外の人は外部の人と見なされる。

中国で出世するには成績も重要だ。かつては科挙で合格すれば、誰でも官吏になることができた。官吏という肩書きには、権力、財力、影響力が伴う。中国では「富は3代続かず」と言われている。林語堂は「社会的単位を構成するのは世襲的な階級ではなく、家族だ。こうした家族が栄えたり衰退したりして千変万化する」と書いている。[95] こうした実力主義的なシステムは、中国人に二つの大きなメリットをもたらした。一つ目は教育重視の傾向で、これは科挙に合格した者は出世の階段を駆け上がることができたからだ。二つ目は社会移動が可能なため、起業家精神やリスクを冒すのを厭わない精神を身につけたことだ（日本人も中国人と同じぐらい教育熱心だが、それは教育が義務だからだ。だが、日本人は起業家精神もリスクを厭わない精神も身につけ損ねた）。

およそ80年前に、林語堂は中国には社会という概念がないと指摘したが、中国政府の努力にもかかわらず、驚くべきことにその概念は今も弱いままだ。[96] このことは「社会」を意味する漢字からも読み取れるという。林はまず、中国には「社会」の概念がなく、中国人にとっての組織は「家」と「国」だと指摘する。「国家」という漢字は、「家」が「国」の下で管理されている様子を表す。つまり彼らにとっては「国家」が「社会」なのである。中国には、国と家族の関係を表わすこんな表現がある――「家族の秩序を保てば、国家を平和に治めることができるだろう[97]（訳注：「礼記」大学からの引用）」。

チームワークについては別の章で説明するが、こうした「仲間たちと外部の人たち」という概念のせいで、中国では大きなスケールで協力し合うのが難しい。これはマイナスの一面だ。逆に、中国人は家族内では協力を惜しまない。家族は互いに協力し合って必要な物資や金銭を集め、内輪の人々を助けるために日本やアメリカではあり得ないほど尽力する。

家族を重視する儒教の教えは、日本と中国ではまったく異なる形で発展した。日本人が国を最優先しようとした一方、中国人が最優先したのは家族だった。ヴァン・ウォルフレンは『日本　権力構造の謎』のなかで、日本は儒教を取り入れたあと、国民が家族への忠誠心よりも天皇への忠誠心を優先するよう、優先項目を変えたと説明している[98]。

アメリカの宗教社会学者ロバート・ベラーは『徳川時代の宗教』（岩波書店）のなかで、中国では「もし官僚の地位に加わることを選ぶなら、人は『孝を君主への忠にかえねばならない』。しかし……これら二つの徳がはなはだしく矛盾する場合には、第一に考慮しなくてはならないのは、子としての義務であった。これはさらに、家族体系が伝統的中国社会の基礎であり、孝がその道徳的原理の基盤であった証拠である」と書いている。

日本は国家と家族との間に緊張状態が起きるのを懸念し、中国と同じような状況になるのを回避するため、公家と武士以外の人々は名字を持たなかった（1868年の明治維新以降になって、ようやく日本人全員に名字が与えられた）。名字がなかったため、人々の忠誠心は主に大名や近親者にしか向けられなかった。

中国と違って、日本では、人々が政治的に結びついて一族を形成することはなかった。

日本では、配偶者の家族を文字通り義理の関係と呼ぶ。「義理」には「義務」という意味があり、配偶者の母親は義母と呼ばれる。この言葉には、外部の人に対して互恵的かつ期限つきの義務を負うというニュアンスがある。興味深いことに、日本では配偶者の家族は義理関係、すなわち身内以外と見なされるだけでなく、叔母や叔父といった三親等の親戚も「よその人」扱いされる。娘でさえも、一度結婚すると家族の一員とは見なされなくなる。いとこも姪も甥も身内扱いされる中国とは、著しく異なる。[99]

中国では誰もが名字を持っているが、人口の大きさの割に名字の数は少ないため、親戚かもしれない人が大勢いることになる。中国では民衆のことを「老いた百の姓」と書いて、「老百姓《ラオパイシン》」と呼ぶ。実際、中国には主な名字は１００種類ぐらいしかない。中国で行われた国勢調査の結果、人口の14%超の名字が「王《ワン》」か「李《リー》」だと判明した。そんなわけで気になる人のために言うと、中国には王さんが９０００万人以上いることになる。

このような複雑な家族関係は、保護貿易主義的な文化や政治姿勢へと発展する。中国人は家族または一族に属する身内と、それ以外の人をはっきりと区別し、さらには政治的な境界線に対する考え方にもその影響は見られる。

私たちは「中央の国」の意味を誤って解釈しているのではないだろうか。私がそのことを悟ったのは、王先生の指導の下でカンフーの稽古をしていたときだ。先生はいつも「この世には天があり、地がある。そうして初めてその中間に人間が存在できる」と言っていた。つまり先生は、人間の身体は地球で生まれ、魂は天国で生まれ、この二つが組み合わさってこの世界での人生があると語っていたのだ。中央の国とは、天と地の間にある人間の国のことだったのだ。このことは私が中国で学んだすべてとつじつまが合う。西洋人は傲慢にも、中国人にとっての中央の国とは真ん中の国としての中国を指し、外国は中央の国を取り巻く周辺の国だと解釈した。かつて中国の周辺にいた人々は蛮族、すなわち人間以下の存在だと見なされたというのが、中国に関する歴史的な考え方だ。だが、中国は蛮族たちに囲まれた中央の国ではない。蛮族は重要ではない。中国とは、天と地との間に生きる中国人の国なのである。

１７９５年に清の乾隆帝《けんりゅうてい》がイギリス王国のジョージ３世に送った手紙には、中国人が蛮族に対して抱く優越感がよく表れている。

「広い世界に影響を与える私には目的は一つしかない。すなわち完全な統治を維持し、国家の義務を果たすことだ。私は風変わりで高価な物には興味がない……。あなたの国の製品に用はないのだ……。

……王よ、私の感情を尊重し、将来さらに大きな献身と忠誠心を示して、我が国の君主に永続的に服従すれば、あなたは自国の平和と安全を将来的に確保できるだろう……我が中国王朝はあらゆるものを豊富に所有しており、国内には足りない物など何もない。従って、我々の農産物と引き換えに外部の野蛮人の製品を輸入する必要はなかったのだ……。

私はあなたの島が荒れた海によって世界から切り離された辺鄙で孤独な島だということを忘れないし、我が中国王朝に対するあなたの許しがたい無知を見逃すつもりもない……震えながら従え。怠慢な態度を取ってはならない(100)」

要するに、中国人は中国を特別な民族のための特別な王国だと信じていたのだ。外部の人間を閉め出すために、万里の長城のようなものを構築した国が他にあっただろうか？中国の宦官で航海の指揮を執った鄭和《ていわ》は、１４００年代前半にアジアから東アフリカまで航海した際、訪れた先の有力者や王族に贈り物を渡して中国の技術を伝授する一方で、彼らから貢ぎ物を受け取った。鄭和が率いた船隊の船は、クリストファー・コロンブスの船よりも何倍も大きかったという。もっとも、中国はすでに必要なものをすべて持っていて、蛮族から学ぶことはなさそうだったため、鄭和は新たな大陸を軍事的に侵略するとか植民地化するといった野望は持っていなかった。

中国は他国に優越感を抱く一方で、万里の長城を築いたことから推察できるように、病的なまでに自国を守ろうとした。中国はチベットを支配したが、それは19世紀にイギリスとロシアがアフガニスタン、中央アジア、チベットの覇権を巡って政治的抗争を繰り広げた、世にいうグレート・ゲームを恐れたからだった。チベットがインドに支配されるのも危惧した。西洋がチベットを戦略的な足がかりにして、中国を侵略することを恐れたのだ。中国人は、かつて自国の領土だった土地は今も中国のものだと認識する。彼らはその領土を取り返そうとするとともに、中国周辺の緩衝地帯になりそうな国や地域を手当たりしだい支配下に収め、そこを支援して外国勢力が中国へ侵入するのを防ごうと考える。中国はきっと台湾を取り戻すために何年でも待つし、そのために必要なあらゆる手段を講じるだろう。

中国の南シナ海への海洋進出もこうした背景から解釈した方がいいだろう。中国は東側を日本と韓国に、北側をロシアに、西側をイスラム過激派による潜在的な脅威に、南西をインド、南をベトナム、南東を台湾に包囲されていると感じている。そしてこの包囲網を壊したいのだ。中国は自分たちがアジアにおいて急速に勢力を拡大していることや、アメリカより地理的に有利で本気度も高いことも認識している。彼らは南シナ海に人工島を建設してそこを軍事拠点とすることで、南シナ海への勢力を拡大しようとしている。だが、これは将来的な拡張政策の拠点とするためのものではない。むしろ、この人工島は中国にとって新たな万里の長城と見るべきだろう。この島は、中国の侵略をもくろむ外部の勢力を遠ざけるため、さらには中国を包囲しようとするアメリカの影響力を弱めるための新たな緩衝地帯なのだ。

中国は、安全な「中央の国」のままで統一国家としての地位を維持したがっている。ところが彼らには台湾以外にも——平和的に——拡張したい地域が、極東ロシアにある。ウラジオストクはかつて中国の領土だった。多くの人は意識していないかもしれないが、中国人は忘れていない。この地を取り返そうとする中国から、興味深い一面がうかがえる。中国人の水平思考の楽しい例でもあるのだが、このかつての領土を奪い返そうと、中国人の移民がロシアの南東部に押し寄せているのだ。現地の中国人の人口を増やすことで、ロシア人の存在感を平和的に薄めているのである。

中国は一人っ子政策を取っているが、その弊害として15歳以下の子どもの人口比率が女子100人に対して男子117人という、いびつな割合となっている。[101] 中国では伝統的に男の子が好まれてきたからだ。中国では昔から「男の子が多ければ多いほど、栄える」と言われてきた。中国のような、信頼できる社会保障制度や医療保険制度といった優れた社会的セーフティネットがない国では、親は年を取ると子どもに面倒を見てもらう。一人っ子政策だと、親にとって頼れる子どもが一人しかいなくなる。男子は妻を娶るが、女子は結婚して別の家に嫁いでしまう。西洋には「こぼした牛乳を嘆いても仕方がない」ということわざがあるが、中国人なら「結婚して出て行った娘はこぼれた水のようなもので、嘆いても仕方がない」と言うだろう。娘は夫の家族のところへ嫁ぐため、親は退職後にそばにいてくれる息子が必要なのである。超音波検査を使えば、親は女の赤ん坊を人工中絶できたし、超音波検査ができない場合は、出産間もない赤ん坊をやむなく殺すこともあった。こうして女の子は選択的に人工中絶されることが多く、現在の中国では男子の人口が3000万人ほど多いのである。

　男性の人口が多すぎるという問題の水平的な解決策として、多くの男性が外国人女性と結婚する。ウガンダは、中国人男性が国内に押し寄せて、現地の女性たちを嫁に取ってしまうと苦言を呈している。[102] 中国人男性は、ロシア東部でも活発に花嫁を探している。[103] 私がこの地域を訪れたとき、実に多くの中国人男性が住んでいて驚いた。現地の人たちと話をしたところ、ロシア人女性はウォッカを浴びるように飲む地元の男性にうんざりしているようだった。それに比べて、勤勉で働き者の中国人男性の方がはるかに信頼できるパートナーに見えたのだろう。結果的にこの地域では、中国人男性と結婚するロシア人女性の数が年々増える傾向にあった。ロシアにはすでに人口統計上の課題があり、極東ロシアの人口はわずか600万人に留まる。中国は、そのあまった男性を利用して、ひそかに自分たちの領土と主張する土地へと少しずつ帰還しているのである。

　さらに、中国人は国よりも家族を優先する。彼らは家族のためなら喜んで命を差し出すが、国と違って、家族は命を差し出せなどとは決して頼まないだろう。中国には、息子に軍に入隊して戦ってほしくないことを表現した有名な慣用句がある。「彼らは戦争を嫌っているし、それは今後も変わらないだろう。中国では、善人は決して戦わない。なぜなら『良い鉄は釘にはならず、良い人間は兵隊にはならない』」からだ。[104]

「中国人は世界でもっともできの悪い戦士だ。なぜなら彼らは道教のシニシズムを身につけ、儒教からは調和を重んじることが理想的な生活だと学んだ知的な民族だからだ。中国人が戦わないのは、もっとも打算的で利己的な人種だからだ」[105]

――林語堂

中国人の常識では、大義のために死ぬと、当人もその家族も不幸になると考えられている。中国の人々と話していると、彼らはよく「人生は一度きりだから」と口にする。つまり人生を大切にして注意深く生き、無茶なことや軽率なことをやって人生を無駄にするなという意味だ。他にも「命あっての物種」という言葉も頻繁に耳にした。古代中国の兵法の戦術書『兵法三十六計』には、36項目に逃げるという計略があるが、これが最善の戦略だと言われている。「中国人からすると、平和主義は『気高い』のではなく、単に『良い』というだけだ。なぜならそれが常識だからだ」と林は主張する。「私たちが生きられる人生が地上でのこの人生だけなら、幸せな人生を望むのであれば、平和に生きる努力をしなければならない」[106]。

もっと最近の例を使って説明しよう。核兵器について、アメリカ（約６８００発の核弾頭を保有）とロシア（約７０００発の核弾頭を保有）が大量に保有しているのに対して、中国にはわずか２６０発ほどしかない。中国は、外国勢力の攻撃意欲を削ぐのに十分な数しか保有していないのである。

中国の台頭は避けられないが、だからといってアメリカとの衝突が不可避なわけではない。事実、中国は衝突を心底避けたがっている。だが、彼らは何としてでも侵略を回避したいと考えているし、安心感を得るために、中国の周りに十分な緩衝地帯を築こうと戦うだろう。自分たちの主権が脅かされていると感じれば、彼らは戦うだろう。今後50年間は、アメリカが中国の台頭を受け入れられるかどうかが課題となる。アメリカは同盟国の安全を守ると約束しつつ、中国と戦略的な関係を築かなければならず、難しい舵取りを迫られそうだ。最終的には、中国の影響力が増してアジアを牛耳るようになる状況を、アメリカは受け入れざるを得なくなるだろう。課題は、アメリカが世界の覇権を握る一極体制から、アメリカと中国が対等の権力を持つ両極体制に移行できるかどうかだ。これは困難なプロセスになるだろう。アメリカは権力を簡単には譲らず、中国も自分たちの正当な領土と見なすアジアの各地域を取り戻す努力をやめないだろう。

第17章　権力、法律、そして見知らぬ人に冷淡な中国人

個人や家族に対して義務を感じる中国人とは対照的に、日本人は社会や国家といったものに強い義務を負う。２０１１年の大地震と大津波によって壊滅的な被害を受けたとき、日本人はその行動によって、もっとも過酷な状況においても秩序があって礼儀正しく、周囲への気遣いを忘れない民族だということを世界中に知らしめた。日本では労働者がストライキをするときも、普段と変わらず手早く仕事をすることで市民としての精神を見せつける。彼らは自己中心的な要求で日本経済全体に損害を与えないよう、黒い腕章を巻いて不満を示すだけにとどめるだろう。中国人は国や社会よりも家族を最優先するが、この傾向には良い面と悪い面がある。良い面については後で触れるが、こうした良い面は残ってほしいと思う。

家族を重視しすぎる弊害として、中国人にはレント・シーキング、家族以外の人と共同作業をしたがらない、他人の苦痛に対する無関心、役人による汚職といった有害な傾向が

見られる。汚職が横行するのは、国家や民衆からこっそり金品を得るのは自分の家族のためであり、よってそれは道徳的な行為だという考え方があるからだ。[107]

孔子は家族の大切さを強調する一方で、他人との関係の大切さを説き忘れたようだ。もっとも「己の欲せざるところは人に施すことなかれ」という有名な言葉のなかで、部分的にこのことに触れているが。しかし他人との関係性は重要性が低いせいか、五倫には含まれず、おまけに否定文で表現されている。その５００年後、キリストが自身の教えのなかでこの概念を更新し、「あなたが人にしてほしいことを他人にしてあげなさい」と肯定文で表現した。そんなわけで、自分がされたくないことを他人にしてはいけないし、それに加えて、あなたが人からしてほしいことを他人にしてあげよう。中国は伝統的にこの教訓を学んだためしがないのだが。

２０１１年に広東省で2歳の女児がトラックに轢き逃げされる事件が起き、その場面を映した動画が公開された。18人もの通行人が現場を通りがかったが、立ち止まって少女を助けた人はいなかった。そこへ別のトラックが通り過ぎて、女児は再び轢かれた。このけがが原因で女児は死亡した。中国のインターネット上では大騒ぎとなり、通行人たちはどうしてあんなに冷淡なのかと人々は首をひねった。[108] 事件が起きてから数か月経った後も、この事件についての論争は続いた。モラルが低下しているのではないかが争点となった。

ところが林語堂は、80年以上も前に中国人の無関心について取り上げ、法の支配がないところでは無関心が起きると論じている。[109] 残念ながら、中国には善きサマリア人のような寓話はないし、見知らぬ他人に対する無関心な態度は昔からあっただけでなく、今も続いている。

中国にしばらく住めば、誰もが殴り合いを目撃することになるだろう。人口14億人にして自転車に乗る人が大勢いることから、どうしても自転車どうしがぶつかることがある。ぶつかった人が二人とも男性で、どちらも面子を気にして謝罪できないと、けんかに発展する場合がある（謝罪すると非と責任を認めることになるため、公平に言うと、謝罪しない理由は面子だけではない）。大抵の場合、相手に対する侮辱から始まる。二人の周りには見物人が集まり、携帯電話を取りだして乱闘を撮ろうとする。そのうちに侮辱がエスカレートして、どちらかが「馬鹿野郎」と罵倒され、手でぐいと押されて殴り合いが始まる。外国人で背が高かった私は、何度もそんな小競り合いを目撃した。だが、小競り合いを止めに入る人は一度も見たことがない。見知らぬ他人のために、どうして我が身を危険にさらさなければならないんだ？

中国へ行く前、私はてっきり平均的な中国人はカンフーを教わっていて、けんかも強いと思っていた。だが実際はまったくの見当違いだった。白鶴拳《はっかくけん》対蟷螂拳《とうろうけん》みたいな戦いを期待していたのに、実際は6歳児のボクシング試合みたいだった。もう一つわかったのは、体格の大きい方が毎回勝つことだ。見物人たちは毎回楽しそうだった。最初は、通行人のための無料のショーかと思ったほどだ。だが後に私は、それを面子の問題だと結論づけるようになった。けんかする人たちの苦痛や奮闘ぶりを見て、見物人は他人の不幸を喜ぶ時のような高揚感を覚えたのだ。自分よりもひどい目に遭っている人を見ると、社会全体における自分たちの立場がわずかでも向上するのだろう。

見知らぬ他人なぞお構いなしといった事件で、すごくおもしろいものを見たことがある。春節の数日前に江西省にいたときのことだ。私はクラスメートと一緒に集合住宅が並ぶ大きな敷地の中庭を通って、そのクラスメートの実家へ向かうところだった。周りには何百人もの人々が行き交っていた。あちこちで花火の音がした。私が驚いたことに、7歳ぐらいの子ども二人がロケット花火に火をつけ、空ではなく、群衆めがけて発射していた。うち1本がヒューッと音を立てて私の顔のそばをかすめた。公徳心を発揮した私は、尻に正義の蹴りを食らわせて矯正してやろうと、少年たちに近づこうとした。が、友人に止められた。彼が言うには、あの子たちはおそらく地元の役人たちの息子たちで、だから誰も止めないのだという。役人に楯突こうものなら、あとでどんなひどい目に遭うかわからない。2本の木の後ろに隠れて見ていると、少年たちが通行人に向けてロケット花火を噴射し続け、誰かの顔のそばで爆発せずに終わるのを見てはがっかりしていた。人生においては我が目を疑うような出来事がまれに起きるが、私にとってこれはそんな出来事の一つだった。深圳《しんせん》にいた頃、ジョークにならないコマーシャルを見たことがある。画面のなかで、高層ビルのそばに立つ人々が、上空に見える黒い点を指さしている。黒い点はどんどん大きくなり、気づいたときには、それは空から落ちてきたテレビで、うち一人があやうくそれの下敷きになりそうになる、という落ちだ。このコマーシャルが伝えたかったのは、「高層アパートに住んでいる人は、窓からテレビを押して下に落とさないでください」ということだ。残念ながらこれは想像力を鍛えるクイズでも、作り話でもない。中国人は自分の国全体をゴミ箱と勘違いしているのか、アパートからも、列車の窓からも、どこからでもお構いなしにゴミを投げ捨てる。

驚いたことに、北京では２００３～２０１３年の10年間だけでおよそ24万枚ものマンホールの蓋が盗まれたという。それというのも金属製品の需要が高まり、スクラップの買い取り価格が上昇したからだ。この犯罪行為を撲滅するために、当局は新しいマンホールの蓋にＧＰＳを取り付けて窃盗犯の逮捕に役立てようとしている。地元の新聞を読むと、蓋が盗まれたせいで、夜に人がマンホールから下水道に落ちたという記事を頻繁に目にする。ときには死亡するケースもある。[110]

見知らぬ他人に対する無関心がもっとも危険な形で表れたのが、2件の粉ミルク事件だ。2004年、少なくとも50人以上の乳児が偽の粉ミルクを飲んで死亡した。粉ミルクにはデンプンと粉と砂糖しか含まれておらず、栄養が足りなかったのだ。[111] 2008年には、何千人もの乳児がメラミン入りの粉ミルクを飲んで病気になり、数人が死亡した。簡潔に言うと、有罪判決を受けた粉ミルクメーカーは、わずかな利ざやを稼ぐために牛乳を水で薄めたあと、検査に合格するために有害なメラミンを添加してタンパク質の含有量を増やしたという。どうりで中国では輸入ものの粉ミルクがもてはやされるわけだ。

中国人は慈善事業にも社会事業にも熱心ではない。林語堂によると、「中国人にとって、社会事業はいつも『余計なおせっかい』のように見える」のだそうだ。[112] アメリカ人はそれぞれの主義や、宗教上の理由や、文化的な理由から慈善事業に寄付する。中国人が慈善事業に参加しないのは、恩恵を受ける人が身内以外の見知らぬ他人だからだ。ウォーレン・バフェットは巧みにこの偏見をかわし、慈善事業は面子にかかわる問題だとして、中国人富裕層に有益な活動に寄付するよう働きかけた。ところがそれ以降、私は富裕層になりたての中国人から、中国人の慈善事業に寄付したものの、その事業が詐欺だったと判明したという話をたくさん聞いた。

人脈がある人とそうでない人とではルールがまったく異なる社会では、「コネ」は特に重要になる。基本的にコネとは、人間関係を利用して相手に支援を求めたり、優遇してもらったりすることだ。中国は「権力社会」であって、「法が支配する社会」ではない。法か権力か、どちらがルールかを見きわめたいとき、私は試験として道を渡ってみる。車が歩行者を優先したり、トラックが乗用車を優先したりすれば、それは法的ルールが強い社会と言える（日本の場合は礼儀のルールがあてはまる）。中国では車体が大きい方が常に勝ち、歩行者が道を横切る車にひるまずに渡ろうとすると、自らの命を危険にさらすことになる。権力に支配される社会では、ルールや公平性ではどうにもならず、コネが必要になる。

　中国では、家族のために国のお金を横領する役人は、自分を高潔な人間だと考える。何をするにもコネが必要で、法の支配力が及ばないため、中国の汚職のスケールは衝撃的なレベルだ。林も「中国では、財布を盗んだ者は逮捕されるが、国のお金を盗んだ者は逮捕されない」と述べている。[113] そのため賃金の安い役人たちは、権力のある地位にいる間に、できるだけその立場を利用することが自分の権利であり、責任でもあると開き直るようになる。

　たしかに汚職は経済成長に一役買っているため、役人たちは自分が金持ちになれば国の助けにもなると自分に言い聞かせる。こうして中国では、汚職を抑止できない環境ができあがる。習近平は２０１２年に実権を握ると、汚職撲滅運動を開始して精力的に推し進めた。その理由として彼は、汚職問題が党の存続を脅かすほど深刻化し、こうした腐敗は党と国家を滅ぼすからだと述べた。

近年公表された汚職事件の例をいくつか紹介しよう。

●２０１１年に鉄道相が汚職事件で逮捕されると、中国のマスコミはこの鉄道相が２億５０００万ドル超の賄賂を受け取っていたと告発した。[114]

●中国鉄道省の元技術副長官が、28億ドルもの巨額の賄賂を受け取っていたと告発された。[115]

●習近平の汚職撲滅運動によって、中国の元公安部長が１６０億ドル超の資産を蓄財していたことや、元上将が自宅の地下室に重さ１トン以上の紙幣と共に大量の宝石や美術品を所蔵していたことが明らかになった。元上将の不正蓄財を運び出すのに軍用車両が10台必要だという。[116]

●薄熙来《はくきらい》が失脚したとき、この元高官の家族が１億ドル超の資産を持っていたことが明らかになった。[117]

●他紙に負けまいと、『ニューヨーク・タイムズ』紙は温家宝首相の親族が27億ドルもの資産を蓄えていると報じた。[118]

しかもこれは、腐敗した高官のわずか数例にすぎず、これ以外にもおびただしい数の中級官僚や下級官僚がいて彼らの汚職事件があるのだ。汚職の多さに、習近平は汚職が党の存続を脅かすとして、「虎（高官）もハエ（末端の役人）も叩く」と警告した。

中国社会で汚職が横行する主な要因の一つは、中国共産党の党員が特別な国民のように扱われるからだ。「共産党員」でありながら、かつての貴族階級のような役割を果たしている。党員は通常の法律よりも立場が上で、党員を裁けるのは法廷ではなく、党だけだ。共産党員には特権が与えられ、仕事はすぐに見つかるし、高い地位に就く。中国共産党の役人の車は路上でも簡単に見つけられる。特別な白いナンバープレートがついていて、しかも交通ルールを守らないからだ。

かつての科挙制度と同様、中国共産党の党員資格は能力主義で、通常は一流大学の成績優秀者だけが入党を促される（世襲制でもある）。次に、学生は試験に合格して、定期的に会合に参加して、新しくて適切な思想を持つことを期待される。党員になるのに共産党員の推薦か保証が必要なところは、クラブに加入するのに似ている。中国の人口14億人のうちで党員は9000万人程度しかおらず、全人口の7％以下にとどまる。党内での競争は激しくて熾烈を極める。もっともタフで強いコネがあり、頭が良くて有能な人しか頂点に立てない。

シドニー・シャピロは、中国の刑事裁判制度の歴史に関する名著を書いた。著書のなかでシャピロは、紀元前22世紀の頃の中国を奴隷社会として描いた。当時は「……法律は庶民や奴隷には厳しく施行されたが、権力のある貴族や奴隷所有者には道徳律のみが適用され、罰則も寛大に済まされるのが普通であった」という。[119] それから数千年が経過したにもかかわらず、中国の制度はたいして変わっていないようだ。

第18章　中国における個性、幸せ、友情とは

家族を重んじる中国人の価値観について、悪い面を大げさに、良い面を控えめに語ることは簡単だ。中国には「森が大きいと、あらゆる種類の鳥がいるものだ」ということわざがある。そのため中国のような広い国では、悪い行為のさまざまな事例が見つかるだろう。家族にとてもやさしいという中国人の一面は着目されず、過小評価されている。中国では大抵の場合、老人は息を引き取るまで家で家族と共に過ごし、冷淡で薄情な老人用の施設で過ごすことはない。中国では共働きも一般的だが、営利目的の託児所で見知らぬ他人に子どもを預かってもらう代わりに、祖母が子どもの世話をする。介護施設や託児所の見知らぬ他人に愛する家族の世話を頼むと思うだけで、中国人は戸惑う。中国人によると、そうした施設の職員は愛情のためではなく、お金のために働いているからだ。中国人には欠点はあるが、治安は良いし、人間味あふれる文化がある。人々は親切で一生懸命働く。家族は老人から幼子まで面倒を見る。社会には多様性を受け入れる素地がある。

中国は恥をベースとする社会だ。西洋人にとって、これはあまり快いものではない。中国では、罪を犯しても捕まらずにまんまと逃げおおせれば、何ら問題はない。西洋で一般的なのは罪悪感をベースとする文化で、人々は宗教的または道徳的な理由から悪事に手を染めないよう自制心を働かせる。しかし中国は相対的な社会で、絶対的な善悪を信じないため、彼らが自制するのは、悪事が見つかって家族の面子を潰すのを恐れてのことだ。このシステムは効果がある。中国は人口過密な国だ。14億人もの人々が暮らしている。そんなわけで、どこへ行っても中国人が言うところの「人の山、人の海」といった状態だ。つまり、いかなる犯罪も目撃される可能性が高くなる。その結果、中国は非常に安全な国だ。深夜に一人で歩いても、中国のどの都市であれ、私の故郷であるワシントンDCよりもずっと安全な気がする。中国では幅広い種類の犯罪に対して厳しく死刑が執行されるが、このことも抑止力となっているようだ。

私は中国の全23省のうちの22省を訪れたが、一度も金品を奪われたことはない。だが西洋人の視点からすると、ほとんどの省で騙された。たとえばタクシーの運転手に遠回りされたり、売り子にふっかけられたり。うまく値切ったと思ったら、売り子が袋に入れる前に商品をすり替えて安物をつかまされたこともあった。だが、中国に住んでいたときに暴力的な犯罪に巻き込まれたことは一度もない。私の知り合いからも、そのような事件に巻き込まれた話は聞いたことがない。もちろん中国でも暴力的な犯罪は起きるし、荷物を放置しようものなら盗まれるだろう。だが、強盗事件はめったに起きない。中国での犯罪は銃やナイフの先端ではなく、ペンの先端で起きる。社会主義の時代ならば、農家は土地を、都会の市民は住宅をわずかな金額で奪われ、地元の役人はその土地を不動産開発業者に何倍も高い値段で転売するだろう。この種の反道徳的行為はありがちだが、道を歩くときの安全性には問題はない（もちろん、交通量の多い道を横切る場合を除く）。

中国は寛容で実用主義的な社会である。表現するのはちょっと難しいが、中国人は人生を楽しみ、とてもフレンドリーで、自分の感情を口に出してみんなと共有する。日本で生きるのは困難だ。日本人はとても礼儀正しいが、フレンドリーではない。私が日本で合計8年間住んでできた友だちの数よりも、中国に住み始めてから数週間でできた友だちの方が多いぐらいだ。今でも私は、日本語の「友情」という言葉は、英語や中国語でいう友情の意味には遠く及ばないと感じる。概念が違うのだ。日本人は極端なほど控えめで、お互いにすら遠慮し合う。中国人は率直だ。簡単に言うと、中国人は愛情表現を惜しまない。林語堂によると、西洋人は中国人に固有の考え方を理解できなかったという。中国人は、あらゆる知識は究極的には人間の幸せに役立てるためにあると考える。人生の意義は人生を楽しむことにある、と林は言う[120]。

中国人は努力家で勤勉だが、日本人が獲得したような高いレベルの献身性や精度には到達しないだろう。中国人はよく「だいたい（差不多）」という言葉を口にするし、「まあまあだな」とか「十分だ」とか「大差ないさ」と言って満足することも多い。日本人から「中途半端」と呼ばれそうだ。出来栄えが不十分という意味で、非常に侮蔑的な言葉だ。中国人は日本人ほど正確ではないかもしれないが、人間なら誰もが持っている欠点に対して寛容で心が広い。おかげで中国での生活ははるかに自由で寛容だ。私はどちらがいいかを判断する立場にはないが、完璧を追求する日本人が評価されるのと同じぐらい、人を重視する中国人の考え方も評価されるべきだと思う。

中国人は、自分や家族や友だちのために、できるだけ長く健康で無難に生きようと努力する。中国人が目を向けるのはこの地上での生活であって、死後に待ち受ける天国ではない。[121]

林は、人生の目的を充実した人生以外のことに求める他の文化の例を挙げて、中国人と比較している。中国人にとって、何かを達成する人生は「見栄っ張りすぎる」し、円満・安楽の境地である涅槃は「あまりに抽象的」で、天国で報われるというキリスト教の考え方は「無責任」で、進歩のための進歩を「無意味」と考える。人生に求める唯一有意義なことは、家族と仲良くシンプルに生きることなのだ。[122]

１９３１〜１９４５年まで北京大学で学長を務めた教育者の蔣夢麟《しょうむりん》は、１９４７年に『西潮』（未邦訳）を執筆したが、そのなかで中国と日本の対比を巧みに描いている。蔣教授は日本と中国の違いや、中国社会の強みは何かを見事に説明していると思う。教授は、日本は忠誠心、正義、美徳を理解しているが、中国社会を構成する重要な要素である寛容と親切心が欠落しているとまで言った（教授は民族主義者であり、彼がこの本を執筆した頃、日本は第二次世界大戦で敗れたあとで、中国ではまだ共産党が台頭していなかった）。その章の一部を要約して紹介しておこう。

明治維新の折りに、日本は儒教を基盤とする統治法に、現代的な西洋の社会科学と自然科学を組み合わせた。これは東洋の文化と西洋の文化が融合した最初の社会だった。当時、中国の若者たちは日本の進歩を賞賛し、中国が日本の例から学び、日本がその文化の生みの親である中国に恩返しすることを期待した。残念ながら日本は「忠義」の尽くし方は知っていたが、「許し」を与える方法を知らなかった。彼らは正義も道義もわきまえていたが、思いやりと慈悲をわきまえていなかった。日本が中国の文化を学んだとき、彼らはほんの一部しか学ばず、一番重要なこと、つまり許すことと慈悲の心を学ばなかった。忠義は封建社会か軍国主義的な社会に必要な美徳だったが、思いやりと慈悲は知識人の美徳だった。

日本人は自分たちの考え方に固執し、他人の意見を考慮しようとはしなかった。日本人は閉鎖的で、そのことを自覚してもいる。野望も権力もあるが、慈悲と寛容さがなかったために、海外に植民地を築いて維持するのにふさわしい振る舞い、すなわちリーダーシップが身につかなかった。他方で、中国人は忠義を尽くしながらも慈悲を忘れない。中国人は「私は自分の考えや信念に忠実だから、他人の考えや信念は自ずと排除しなければならない」などとは決して考えない。中国人はしばしば相手の立場に立って考えるが、これこそが許しなのである。日本人は許しという概念に乏しく、だから中国を理解できなかったのだ。[123]

この説明は、私が考える日本人と中国人の思考モデルにあてはまる。日本人は物事を文字通りに受け止める硬直思考で、そのため他人の目線で物事を考えるのが得意ではない。自分の意見しか見えないのである。対照的に、中国人は水平思考のおかげで、自分の視点からすぐに他人の視点に切り替えて考えることができる。硬直思考の日本人には難しそうな、他人の視点を通して物事を考えるという柔軟な物の見方もできる。

私が日本から中国に初めて移住したとき、中国は経済的にはるかに貧しかったが、移住して良かったと思った。日本はすばらしい国だが、あたたかさに欠けるように思えた。中国人は日本人とは全然違っていて、オープンだった。私と気軽に会話し、レストランで一緒に食事し、歩いて町を案内してくれ、自宅に招いて夕食をごちそうしてくれたし、申し分なくもてなしてくれた。日本にいたときの私はいつも慎重に振る舞い、ルールやら何やらを気にしていたが、中国では多くの人と関わり、笑い、いろんなことを共有し、とても豊かで人間らしい生活を経験したように思えた。

中国の家庭は、複数の世代が一緒に暮らしている場合が多い。親戚や友人も頻繁に訪ねてくる。大勢が一緒に暮らしているのだから、秘密の持ちようがない。実際、中国語の「プライバシー（隠私）」は良い意味の言葉ではない。プライバシーがほとんどないため、皆は仲間のことはほとんど何でも知っている。家族や友だちはあらゆることに意見を言う。詮索好きな質問をされたり辛辣な意見を聞いたりすると、アメリカ人なら最初はいらだつかもしれない。だが、中国人があなたをからかって皆で笑うとき、それは意地悪や悪意からではない。ただあけっぴろげで、何でも率直に話し、お互いの変な癖を指摘して笑うのが好きなだけだ。彼らがあなたの欠点を指摘したら、それはあなたを仲間とみなしたあかしだ。

私のクラスメートは、ある日、私が緑のダッフルコートを着て教室に入ってきたときのことを家族や友人に話したがる。私が母に教室に暖房がなくてとても寒いとこぼしたら、母がダッフルコートを送ってくれたのだ。映画『いまを生きる』で少年たちが着ていたようなコートだ。私が教室に入ると、クラス中の学生たち１００人ぐらいが大爆笑した。私が戸惑っていると、数人の学生が私を呼んで「なんで女物のコートを着てるんだい？」と尋ねた。先生までもが笑っていた。

私の中国人の友だちが、繰り返し持ち出しては笑う話がある。マルクス主義の授業で、先生が完璧な共産主義社会について説明していたときのことだ。私は挙手をして、共産主義社会にも離婚はありますか？　と尋ねた。中国の授業にはルールがある。1番目のルールは質問をしないこと。2番目のルールは、質問せざるを得ないときは、くだらない質問をしないこと、だ。クラスメートたちは腹を抱えて笑った。その先生は筋金入りの共産主義者だったが、「ええ、離婚はなくならないでしょう。たとえ共産主義が完全なシステムでも、人間は今後もずっと不完全だからです」と答えた。

一番お気に入りのエピソードを紹介しよう。私がショッピングモールにいたとき、ある母親が娘に「見てごらん、キリンみたいな外人さんがいるよ」と言った。中国語でキリンは「長い首の鹿」と書くし、私の首は長い。そのため私の友人は、その女性が私をキリンみたいと表現したことがおかしくて仕方がなかったようだ。その友人の親戚から促されて、私は何度もそのエピソードを話した。繰り返すが、これは悪気のない冗談だし、仲間として彼らはこれ以上ないほど親切にしてくれた。

中国人の水平思考は料理にも及ぶ。日本料理はおいしいものの、生真面目な硬直思考ゆえに、どの料理も国内のどこで食べても似たようなものになる。中国料理は違う。あなたが「宮保鶏丁」（訳注：鶏肉とピーナッツの炒め物）を北京か、上海か、広東省か、重慶か、その中間のどこかで注文したら、毎回異なる料理が出てくるだろう。同じ市内でも、レストランが違えば料理も違うだろう。実にバラエティ豊かなのである。また、中国は長い歴史のなかで抑圧されてきた期間が長かったが、料理という分野ではいつも好きなように自由に表現できた。中国人の生活は料理を中心に営まれているのである。中国には「民以食为天」、すなわち「庶民にとって食糧問題はもっとも重要だ」という格言があるほどだ。

私が好きな中国の一面は他にもある。日本がきわめて排他的だったのに対して、中国は受容的な社会だということだ。中国は、他のどの国よりも多くの国境に接している。中国に住む外国人はすぐに彼らの受容性に気づく。中国人は、外国人が中国語を話すものと期待する。日本人は、外国人は日本語を話さないだろうと考える。中国では、外国人は中国語名を名乗ることを期待される。日本ではとんでもないと見なされる。どう見ても日本人ではない外国人が、どうして日本語名を持つのか、と。中国では問題はなく、たとえば私は「ワン・ジュン」と名乗っていたが、私が日本で「タナカ・ヒロエ」と名乗ることなどあり得ないだろう。日本人は、日本語名で私を呼ぶのを拒否するだろうし。中国人の水平思考は、外国人が中国語名を名乗ってもごく普通に受け入れるのである。

中国人は世界の中心は中国で、周辺国の人々は蛮族だと考える。彼らは心のなかで、中国に生まれて運が良かった、恵まれていると考える。中国生まれでない人を哀れだとすら思う。それとは対照的に、外国語で話すときや、外国に行くとき、彼らは外国語名を名乗るだろう。中国には「鬼と出会ったら、鬼の言葉で話せ」ということわざがある。あるいは若干意味が異なるが、毛沢東もしばしば「村に行ったら、その村の歌を歌いなさい」と言ったという。その点、日本人は外国語を話すときも、外国にいるときも、ほぼ毎回自分の名前を使ううえに、不運にも日本以外の国に住まなければならなくなると、さらに孤立する。

西洋人として、私は中国の人々が個人に対してやさしいところも評価している。日本語の「違います」という言葉は、「間違い」と「異なる」の両方を意味する。異なることは間違ったことであるというわけだ！　この言葉には、日本社会の均質的な性質と調和的な文化を重んじる姿勢が反映されている。中国語では間違いを「不対」と書くが、これは単に「正しくない」という意味だ。日本には「出る杭は打たれる」という有名なことわざがある。英語には「きしむ車輪は油を差してもらえる」という正反対のことを意味する有名なことわざがある。中国語には両方のことわざがある。「枪打出头鸟（頭を突き出した鳥は撃たれる）」と「会哭的孩子有奶吃（泣く子はミルクを飲ませてもらえる）」だ。

中国人にとって重要なのは、人と違ったり、違う考え方をしたり、出る杭となることで集団の調和を乱さないようにすることではない。むしろ中国では名声はトラブルを招くと考えられているため、ありふれた存在でいる方が望ましいとされる。「人は有名になるのを恐れるが、それは豚が太るのを恐れるのに似ている」ということわざがあるのは、有名人はしばしば「ねたみ病」すなわち「嫉妬」されるため、名声を追わない方が良いと考えられているからである。と言っても、個人の性格に軍隊のような調和を求めるようなことはない。おもしろい違いを一つ紹介しよう。あなたが日本で誰かと口論になって仲が悪くなったら、その人との関係が終わる可能性がある——それも永遠に！　中国はこれとは正反対で、「けんかをするまでは、友だちにはなれない」ということわざがあるほどだ。

また［中国側の］言葉による攻撃は、時に相手にとって屈辱的でさえある。しかしこれも関係をそこなうためではなく、何と関係を強化するために行われているの

である。というのも中国人は、叱責したり、恥をかかせたり、当惑させることで、相手に影響力を行使できると感じているからである。[124]

――ルシアン・パイ

中国人は、日本人のように調和を求めたりはしない。ヴァン・ウォルフレンによると、はるか昔の孔子の時代、中国人は「慣習が道理にもとり、悪しきものだと思えばいつでも、順応するのではなく、慣習を変えるよう他をよく説得すべし」と学んだという。[125]日本の伝統的な封建社会では、そのような行動をする平民は打ち首にされたものだった。中国人の方がずっと考え方が自由で、アメリカ人にはなじみやすい。

日本人は、異質な思想であっても、日本の制度に組み込める限りは受け入れる。だが、自分たちの制度の基準に合わないものは受け入れない。中国人は外国の思想（マルクス主義や市場経済など）を受け入れるし、個性にも寛容だ。しかし中央政府の権力に抗うものには不寛容である。

第19章　チームワークが苦手な中国人

面子と家族を重視しすぎる主な弊害として、中国人、特に男性はチームで協力するのが苦手だ。たとえば２０１０年のサッカーW杯では、人口わずか２０００万人の貧困国、北朝鮮が本大会に出場した。中国は北朝鮮よりも70倍も人口が多く、世界第2位の経済大国であるにも関わらず、出場権を獲得できるほど強いチームを作ることができなかった。

中国には優れたスポーツ選手がたくさんいる。中国の男子選手はダイビング、卓球、射撃をはじめとする個人種目でしばしば金メダルを取る。２０１６年の夏のオリンピックでは、中国は26個の金メダルを獲得した。そのうちの25個は、個人種目か二人でペアを組む競技だ。団体競技で金メダルを取ったのは、バレーボールの女子チームだけだ。男子チームと違って、サッカーの中国女子代表チームは世界ランキングで上位に食い込んでいる。私が思うに、この違いは中国人男性が面子を重視しすぎるからだろう。仮に私がボールをパスして、それでチームメートがゴールを決めたら、当然私の方が見劣りするだろう。誰だってスターになりたい。面子がかかるから中国人男性はチームワークが弱いのだ。

２０１１年、中国はＷ杯予選でイラクに敗退。イラク戦争で10年間ほど戦争状態だった、あのイラクにだ。２０１３年には弱小チームのタイに5対1で敗れて、惨敗記録を更新した。中国は２００２年に一度だけＷ杯出場を決めたが、それ以後は4年おきにＷ杯を傍観する日々が続く。小さな町や村の人々はテレビを家の外に出して友人たちと観戦し、レストランや屋台にも人々が集まって試合を観戦していることだろう。

２０１８年のロシア大会に向けた予選で、中国は信じられない失態を演じた。男子代表チーム――人口14億人で人材不足とは無縁の国――がシリアに負けたのだ。そうとも、5年以上も無残な内戦のさなかにあった、人口２３００万人（そのうちの約25％は難民だ）のあのシリアだ。しかもその試合が開催されたのは中国だった！

男子サッカーが弱いだけではないかって？　では、中国人は協力するのが苦手だと裏づける古いことわざをいくつか紹介しよう。たとえば「一个和尚挑水喝、两个和尚抬水喝、三个和尚没水喝」。「和尚が一人の場合、一本の棒の両端にバケツを一つずつぶら下げて、バランスを取りながら運ぶことができる。和尚が二人の場合、一本の棒に一つのバケツをぶら下げて、二人でバランスを取りながら運ぶことができる。和尚が三人の場合、協力して運ぶ方法が見つからず、飲み水に事欠くだろう」という意味だ。つまり、人数が増えるほど結果は悪くなるということだ。さらに「一人の中国人は竜、三人の中国人は虫けら」ということわざもある。前述の通り、中国人は家族や仲間のためなら協力するし、犠牲を厭わないが、仲間以外の人のために尽くそうとはしない。

さらに中国人は、1対1なら日本人に勝てるのに、3対3になると負けてしまうと悔しそうに言うことがある。日本人は明らかに中国人よりも集団の行動規範を心得ていて、どんな状況でも調和を重視する。中国人は自分自身と家族の利益だけを考えるため、集団で働くときは誰かが自分を利用しているのではないかと常に警戒する。

中国よりもはるかに小さな国であるにもかかわらず、戦争をするたびに日本が中国を打ち負かしてきた理由はここにあると思う。１８９４～１８９５年の日清戦争では、日本は最後に台湾を獲得した。日中戦争では日本軍は中国国内を蹂躙してまわったが、やがて小さな島国の日本はアメリカや中国との持久戦の末に屈服した。もちろん日本人はいつも中国人よりも熱心に訓練し、規律正しく、準備も怠らず、おまけにチームワークも優れている。自己犠牲を厭わない精神は日本人の方がずっと強い。偉大な作家の魯迅《ろじん》は中国社会を「人吃人」と表現した。英語には「dog-eat-dog（共食い）」という表現があるが、魯迅はこれを「人が人を食う」社会と言い換えたのだ。

日本では、日立グループや三菱グループをはじめとする、何百もの子会社や関連会社を傘下に持つ巨大な複合企業が発達した。さらには、グループ企業どうしが協力し合う「財閥」や「企業系列」という形態も発展した。日本人には、何であれ自分に任された役割で最善を尽くすことが自分の義務だと信じるユニークな特徴がある。彼らは大きなシステムの小さな歯車として喜んで働くのだ。日本には働きすぎて仕事中に亡くなることを表す言葉もあるが、そんな概念は中国にはないし、日本以外のどの国にもない。「過労死」と呼ばれる言葉だが、肉体労働者のことではない。残業をしすぎて実際に過労で亡くなるホワイトカラーのサラリーマンを指す言葉だ。私は中国で働いたことがあるが、秘書から重役に至るまで、例外なく誰もが組織のトップに立ちたいという野望を持っていた。だが会社の経営者以外は、自宅で夕食を取ろうと、午後5時には退社しようとする。日本の会社では、職場に上司が残っている限り、退社することはできない。

中国人の男の心臓のなかでは竜が鼓動している、という言葉をよく耳にする。そして竜は頂点に立ちたがるものだ。中国には「不死鳥の尾でいるよりも、鶏の頭でいる方が良い」ということわざがある。中国の田舎では、「鶏口となるも牛後となるなかれ」という表現に改良されていたが。さらに「大きな僧院の小さな僧侶でいるよりも、小さな僧院の大きな僧侶でいたい」という表現もある。これとは対照的なのが日本人の「大船に乗った気持ち」という表現で、これは大きな船に乗れば安心と安全を得られることを意味する。

繰り返すが、中国人の弱点を指摘するのはたやすい。チームワークの弱さもその一つだ。だが私は彼らの良い面も強調したい。中国人はそれぞれが卓越した才能を持ち、個人競技に秀でたアスリートであるだけでなく、並外れた芸術家、教育家、作家、科学者、エンジニア、起業家を輩出してきた。日本のように巨大な複合企業や系列会社を築いて成功することはないかもしれないが、リスクを取って新規企業を立ち上げる手腕においては、日本人よりもはるかに優れている。

第20章　面子

「木が樹皮を必要とするのと同じで、人には面子が必要だ（人要脸、树要皮）」

林語堂は「面子は定義できない」と語ったと言われているが、実は大都市を車で走る高官の例を用いて面子とは何かを説明している。制限速度56キロの道で、高官がお抱え運転手に時速１００キロで飛ばすよう命令したとしよう――こうして交通ルールを無視できる力があると示すことで、高官は面子を保つ。高官を乗せた車が通行人をはねて、警官が実況見分をしに現場に来たら、高官は黙って警官に名刺を渡してすぐにその場を立ち去ることで再び面子を保つ。ここで警官が言いくるめられなかったとしよう。高官は一時的に面子を失うものの、警官に「私の父が誰か知ってるだろ？」と尋ね、運転手に車を発進させるよう合図して、何とか面子を保つ（家族の名前を挙げて相手を脅す行為は、「官話で話す」と言われていた）。仮に警官が譲らず、警察署に来るようにと高官に迫ったとしよう。

その場合は、高官が警察署長に電話して「この下っ端警官が私の父を知らないと言っているぞ」とクレームを言うと、その警官が即刻クビになる、というシナリオが一番面子を保てる。[126]

私が面子を定義するとしたら、こう要約するだろう――「自分は他の誰よりも良く見える。自分は偉い」。西洋の概念で一番近いのは、いわゆる「男らしい自尊心」だろうか。面子は完全に相対的な概念だ。中国の文化で面子がこれほど重視される明確な理由は見つからない。水平思考に基づいた関係性によって重視されているだけで、面子は完全に相対的な概念だ。西洋人にはしばしば理解しにくい概念だが、林が言うように「それ（面子）は、どんな世俗的な所有物よりも重んじられる」[127]。中国人は面子を保つためならどんな労力も厭わない。

面子はおもしろい概念だ。というのも面子はあるか、ないかのいずれかだからだ。面子は立てることも、潰すこともできる。面子を保つこともあれば、失うこともある。誰かの面子を潰さないために、本音を語らないでおく場合もあれば、誰かの面子を立てるために、望まないことを引き受けざるを得ない場合もある。西洋人はうっかりして人の面子を潰すことがある。たとえば、あからさまに「ノー」と言ったり、誰かが言ったことを否定したり、誰かの話を注意深く聞いていなかったり、相手の話を遮ったり、誰かを大っぴらに批判したり、相手が食事をおごるというのに断ったり、乾杯の誘いを断ったり、誰かを見送るときに、できるだけ遠くまで付き添って行かなかったりしたときだ。

中国における面子にはネガティブな一面がある。たとえば女性は、自分よりも学歴やキャリアが低い人や背が低い人を、めったに結婚相手には選ばない――相手が裕福な場合を除いて。つまり、たとえ相手が背の低い人や学歴が低い人や外見がさえない人でも、裕福であれば面子を保てるのだ。数年前にテレビの恋愛バラエティ番組で、ある若い女性が「自転車の荷台の上で笑うぐらいなら、ＢＭＷのなかで泣く方がましよ」と断言した。今日の中国では、自転車の荷台に乗ることは、貧しくてみじめな状況を示唆しており、面子が丸潰れなのである。この若い女性も、結局のところ愛より面子（とお金）が大事だと言ったわけだ。

中国人はブランド物に目がない。そのため彼らは、一番良いものか、一番安いものかのどちらかを買おうとする。お金がある人は、人に見せびらかすために一番良いものをほしがる。一番良いものを買う余裕がない人は、二番目に良いものやありきたりなものを買っても面子が立たないため、一番安いものを買う。中国人とは対照的に、アメリカ人は往々にして一番お値打ちな商品を買いたがる。

中国では末端の人たちまで教育を重視するが、その根底にはやはり面子の問題がある。

一流校に進学すると、一生涯「最大の面子」が保たれる。子どもが評判の悪い学校に進学すると、誰もが決まりの悪い思いをする。中国人は子どもをより良い学校に進学させるために時間とお金を投資し、どんな犠牲も払うのだ。

中国人の教育を重視する傾向は、「孟《もう》母《ぼ》三《さん》遷《せん》」という古いことわざからも見て取れる。古代中国では、引っ越しは非常に面倒でやっかいな作業だったにもかかわらず、儒家である孟子の母親は、息子に適切な学校と適切な教育環境を提供するために3回引っ越したという故事から生まれたことわざだ。現代の中国でも、子どものために良い環境を選ぶことは賞賛に値する立派な行為である。

面子にまつわる興味深い例を一つ紹介しよう。中国人の家に行くとテレビが目にとまる。中国の人たちは、数か月分、場合によっては数年分の給料をはたいてトップブランドの大型テレビを買う。他方で、洗濯機は客人の目に触れないため、安物を使う場合が多い。私が聞いた話では、有名な下着ブランド「ヴィクトリアズ・シークレット」が中国に進出した際に苦戦したが、その一番の理由は、女性の下着を見るのは夫だけのため、豪華な下着を身につけても面子に影響しないからだったという。対照的なのが高級バッグだ。バッグは人目につきやすい。今や中国は世界でもっとも高級バッグが売れる市場の一つだ。人目を意識しすぎた人のおもしろい事例がある。２０１７年、台湾人のお婆さんが、市場で買った魚を息子にもらった1000ドルのルイ・ヴィトンのバッグに入れて持ち帰ったと話題になった。高級バッグを見せびらかして、面子を立てようと考えたのだろう。しかもこのお婆さん、このバッグは防水が効いているので魚を入れるのにちょうどいいと得意気だったという。[128]

面子を保つためならなりふり構わない人を見て、私のような西洋人は衝撃を受けることがある。たとえば、美容整形に世界で一番お金をかけるのは韓国だ。韓国の整形手術は世界一と言われているため、中国では韓国で整形手術を受けることがステータスシンボルとなった。そんなわけで中国人女性は整形手術を受けに韓国へ行き、手術を受けた翌日、顔に白い包帯を巻いたまま買い物へ出かける。こうしてみんなに整形した顔を見てもらって、面子を保つのだ!

他にも、安徽省《あんきしょう》に住む17歳の少年がアップルのiPhoneとiPadを買うために、自分の腎臓を売ったという事例もある。[129] 中国ではスマートフォンやタブレットの安いコピー商品がたくさん売られているが、この少年にとっては、アップルブランドの製品を持つことが自分の健康よりも面子のために重要だったというわけだ。

私が復旦大学大学院の世界経済学科の1年生だった頃、授業や中国に関する私の疑問にいつも快く答えてくれた2年生の大学院生と親しくなった。彼の名字は王で、私よりも1

学年上だったため、私は敬意を込めて彼を老王《ラオワン》と呼んでいた。ある日、私は彼に面子について尋ねた。彼は首を左右に振ってチッチッと舌打ちして、きみは絶対に理解できないだろう、外国人に面子の意味が理解できるはずがないと言った。彼は「きみは理解していない」とか「きみには理解できない」と繰り返した。そういえば日本の寿司屋に行くと、私はよく「きみは外国人だから、寿司の繊細な味を理解できないだろうね」と断言されて終わったことが何度もあった。説明するまでもないという感じで。そんなわけで、老王も話を切り上げると思った。ところが彼は心ここにあらずといった様子になり、とても感情的になった。彼はこんな話をしてくれた。

老王の家族は江西省のある村に住んでいた。国内でも貧しい地域にあたる。文化大革命の狂乱状態が収まったあと、ついに毛沢東が亡くなり、鄧小平が「改革開放」政策を提唱して国と経済を開放し始めた。毛沢東時代の過激なイデオロギーを、鄧小平はシンプルだが洞察力のある常識で克服した。たとえば彼は「たくさん働く者がたくさん稼げる」と言って労働を奨励した。

老王の家族はこの新しい風潮を受け入れ、農業と並行して小さな事業を始めた。中国は復興し始め、順調に成長していた。その勢いに乗って、老王の家族は１９８０年代にその村で初めて牛を１頭買うことができた。だが、これは他の村人にとって耐えがたいことだった。牛がいないために、他の村人たちは面子を失ったのである。村に住むある一家が、王家の牛を殺す計画を企て、ある晩遅くにそれを実行した。老王はその話を詳しく語りながら、こみあげる怒りのあまりつばを吐いた。事件当時、彼の家族は怒り心頭だった。老王の家が次に牛を買ったのは、他の家でも牛を買う余裕ができた数年後のことだった。これは中国人の「ねたみ病」が最悪な形で表れたものだ。何年か後、王家の牛を殺した一家が、村で最初に携帯電話を買った。老王は叔父やいとこを全員集めて計画を練り、その携帯電話を壊して事故であったかのように偽装した。

老王は、細心の注意を払って携帯電話を壊したことや、その晩に大酒を飲んでお祝いしたことを話しながら笑みを浮かべた。が、そのあとでとても悲しそうな表情を浮かべ、アメリカの方がはるかにましだと言った。きみたちはたとえ隣人が牛を買っても、その牛を殺そうとは思わない。隣人が携帯電話を買っても、それを壊そうとあれこれと画策することもない。アメリカ人は成功する方法を模索して金持ちになり、牛であれ携帯電話であれ、自分で買おうとするだろう。中国人は違う。中国はゼロサム思考の社会だ。誰かが成功したら、後れを取った残りの者は自動的に面子を失い、他人の幸せを心の底から恨む。そう言うと老王は、不運にもたびたび役に立つ「幸灾乐祸」という言葉を教えてくれた。「他人の苦難や不運を見て喜ぶ」という意味だ。英語圏では「シャーデンフロイデ」というドイツ語を使う。日本では「他人の不幸は蜜の味」と言う。

老王の話を理解するのに少し時間がかかった。絶対的な真実があると信じて育ったアメリカ人の私にとって、誰かが苦しむことで、自分の体裁も気分も良くなるというのは、心の底ではよく理解できなかった。誰かが失敗したと聞くと、確かに少しの間気分は良くなる。だがそんな気分はすぐに消えるし、私はまたもや絶対的な意味で自分自身や自分の人生を向上させるにはどうしたらいいかを考えるだろう。真実を相対的に考える人にとっては、状況は異なる。他人が失敗すれば、私の人生の価値がぐんと上がり、それが長期間続くのだ。他人の失敗が蜜のようにあまいのは、それが私の勝利を意味するからであり、逆に他人の成功は長きにわたって私の価値を大いに下げることになる。そんなわけで、中国人は身近な人たちの成功に過敏だ（日本人も同様）。この違いを認識してからというもの、私は中国（日本でも）では嫉妬の感情に注意を払うようになった。なぜなら、私が理解できる範囲や普段経験しているレベルよりもはるかに敏感にならなければ感じ取れない感情だからだ。

面子のために国家レベルで代償を支払った例がある。毛沢東が推進した「大躍進」政策によって、人災と呼ばれる壊滅的な飢饉が起きたときのことだ。中国共産党は食糧のサプライチェーンに問題はないと明言したものの、「大躍進」政策中の死亡者数は近代史における他の飢饉の死亡者数を上まわった。1959~1961年という短期間の正確な死亡者数がわかるデータはないが、西洋の分析者たちは3000万人ほどに上ると推測している。数千万人もの国民が飢餓で亡くなるなか、中国は面子を保つために米穀を輸出していた。ジャスパー・ベッカーは著書『餓鬼(ハングリー・ゴースト)——秘密にされた毛沢東中国の飢饉』(中央公論新社)のなかで、中国はソ連への穀物の輸出量を50%も増加させただけでなく、「北朝鮮、北ヴェトナム、アルバニアなどの友好国には、無償で送った」と報告している。[130] 中国の権力者側の考え方からすれば、何百万人もの国民が餓死するのは芳しいことではないが、それよりも対外的な面子を保ち、毛の政策が失敗したと他国に悟られないことの方が重要だったのだ。

　中国人にとって、面子はお金よりも重要だ。林は「中国人の金銭愛を越えられるのは野心(と面子)ぐらいだ」と書いている。[131] そんなわけで中国人が何かに散財したら、面子が関わっているに違いない。たとえば、彼らは教育には気前よくお金を出す。子どもが難関校に進学すれば、鼻高々で面子を保てるからだ。また、人目につくものにはお金を払って高級品を手に入れる。アパートを5軒持っていると自慢すると、面子が上がる。賭博で勝ったとき、または賭博でもうけたと自慢するときも面子が上がる。面子のために、中国人は非常に寛大にもてなしてくれる。実際、中国人は夕食や昼食の食事代を自分が払うとお互いが主張して口論するぐらいだ。あまりお金がないときでさえ、気前の良い「大竜」と思われたくて、友人や家族に喜んで豪華な食事をごちそうする。そんな彼らとは対照的に、日本人は飲食代を割って年長者が大きい金額を払い、他の人たちで残りの金額を払い、ゲストは無料になる。アメリカ人はいつも飲食代を人数分で割って平等に支払う。

初めて「面子」の問題に遭遇したとき、私はみじめにも失敗した。人でごった返す上海の市場を、当時付き合っていたガールフレンドと一緒に歩いていたときのことだ。彼女が出稼ぎ労働者とぶつかった。それを見て私は何も思わなかった。私は一部始終を見ていたが、どちらも前を見ずに歩いていてぶつかった。どちらのせいでもない。だが心底驚いたことに、彼女が私に向かってその労働者を殴れと言い出した。私は自分の耳を疑った。冗談だと思ったが、彼女は足を止めて私をにらみつけた。そして私に「あなたが本当の男なら、私の味方になって、あの見るからに貧しくてボロボロの田舎者を殴って、ぶつかったのは私のせいじゃないと言ってよ」とまくし立てた。いかにも中国らしく、見物人が集まってきた。彼女は「彼の顔色をよく見て」と繰り返し主張したが、おもしろいことにそれは「彼を殴れ」という意味の言葉だ。私は、きみたちがぶつかったのは彼のせいじゃないと諭したが、彼女は「そんなことはどうだっていいから」と食い下がった。一連の騒動をばかばかしいと思った私は、相手の男性に「申し訳ないね。ぼくのガールフレンドがおしゃべりしていて、あなたにぶつかってしまった」と言った。見物人たちは声を上げて笑い、お互い何事もなく帰宅したが、彼女だけはその後も数日間私を非難し続けた。

この話を中国人のクラスメートにしたところ、さらに悲惨な目に遭った。彼らは世間知らずで無知で愚かなことを意味する言葉を使って、きみは本当に何もわかっていないと言った。私の面子は丸潰れだった。私のクラスメートからすれば、アメリカ人は世界の警察のように振る舞ったり、自分たちとは関係のない問題に干渉したり犠牲を払ったりで、わけがわからないといったところだった。だが、私とガールフレンドの面子がかかったあの状況で、私は何もしないどころか、けんかを避けるために謝罪までして、さらに面子を潰してしまった。クラスメートからの説教は1か月ほど続いた。当初、私は「エッグ」と呼ばれていた。外見は白（人）だが中身は黄（色人種）という意味合いだったが、この出来事のあと、みんなから「きみは絶対に中国人にはなれない」と断言され、私はぼくもそう思うと同意した。

絶対的な真実があると信じる私の目で判断すると、あのときは二人とも前方を見ていなかったのだから、どちらのせいでもない。私は、女の子を殴ってはいけないと厳しく教えられて育った。あの出稼ぎ労働者がわざと私のガールフレンドにぶつかったのなら、私は確実に彼のあごにヒビが入るほど強い一撃を食らわせていただろう。だが彼の非ではなかった。だから、絶対的な善悪を信じる私の信念からすると、理由もなく暴力沙汰にしようとする彼女の方が間違っているように思えた。まともな理由もなく私に彼を殴らせようとした彼女は間違っていると私は確信していた。だが、相対的な真実を信じる彼女の目には、あの状況がまったく異なって見えたのだ。誰が正しいかとか間違っているかとは関係なく、私は彼女の味方をするべきだったのだ。実際、彼女は何があろうとも私が味方につくことを期待していた。

第21章　中国人の面子と日本人の名誉

中国では「面子」、日本では「名誉」が常に重要視されてきたが、私はこの二つの概念の大きな違いを発見した。これまで述べた通り、中国では面子がすべてだ。日本にも面子の概念はあるものの、名誉の方がはるかに重要だ。私のなかでその違いが明確になったきっかけは、中国の小さな町の駅で起きた。

中国に住んで3年が経ち、私は中国の文化がわかり始めていた。クラスメートから魯迅を読むと良いと勧められた。１００年ほど前の偉大な作家だ。魯迅の本は中国を理解するのに役立った。愛国者だった魯迅は、中国を偉大な国へと復活させたいと思っていた。彼は当初医師を志望していた。だが日本で医学を勉強していたときに彼が見た幻灯画のなかに、満州にいた日本兵が、ロシアから日本へ送り込まれたスパイと見られる中国人を打ち首にする場面があった。映像のなかで、他の中国人たちが打ち首を見ようと集まってきたが、仲間であるその中国人を助けないどころか、その光景を楽しんでいるのを見て、魯迅はショックを受けた。彼はすぐに医学の勉強をやめて、中国人に必要なのは病気を治すことではなく、考え方と精神を直すことだとの結論に至った。こうして魯迅は作家になろうと決意した。

魯迅を表敬しようと、私は列車に乗って浙江省紹興市にある彼の故郷を訪れた。駅で上海に帰る列車を待っていたとき、ある光景を目にした。それは日本と中国の大きな違い――名誉と面子――を浮き彫りにする出来事だった。中国の小さな町の駅に身長１９３センチで赤毛の私がいると、みんなの注目の的になるのが常だった。人々は私に近寄ってきて、あらゆることを質問してきたり、私を指さして「老外《ラオワイ》」（外人さん）と呼んでおもしろがったりする。だがこの日は、誰も私を気にかけていないようだった。妙な感覚だった。すると駅の反対側に人だかりができているのに気づいた。私は何が起きているのか見に行くことにした。

40歳ぐらいの中国人男性が50歳ぐらいの中国人女性と口論していた。男性は質素な服をまとった農夫で、所持品を入れた布袋を持ち、箱に入った台所用品をいくつか持っていた。彼はこの頃に増えつつあった農民階層の一人だった。貧しくても、旅行をして家族のためにいくらかのお土産を買う余裕はあったのだろう。女性の方は制服を着た駅員だった。駅員は男に向かって大声で怒鳴っていたが、男は無視しようと身じろぎもせずに立っていた。

二人は浙江省の方言で話していたため、私には聞き取りにくかったが、ようやく彼が床につばを吐き、駅員の女性がその違反行為に対して10元の罰金を払わせようとしているとわかった。男は中国人ならではの厚顔戦略を使って、口で罵りながら彼女があきらめて立ち去るのを待っていた。彼女は駅でつばを吐くのは禁止なのだから、罰金の10元を払いなさいと食い下がった。見物人がどんどん集まってきた。

いらいらした駅員は、とうとう我慢の限界に達した。罰金を払わなければ列車に乗せないと言い出したのだ。男は黙ってはいられなくなった。彼は最初、駅でつばなど吐いていないと主張した。駅員は彼の足下に残っていた証拠を指さした。彼に不利な証拠を見た見物人たちが、一斉に「おおおおお」と声を上げた。男はやり方を変えて、つば吐き禁止と書かれた貼り紙がなかったから、違反だと知らなかった、だから自分のせいじゃない、もう二度とつばは吐かないから罰金を払う必要はないと主張した。駅員は壁に貼られた「駅構内ではつば吐き禁止」とはっきりと書かれた大きな貼り紙を指さした。見物人たちはまたしても「おおおおお」と声を上げた。男は駅員があきらめるのを待とうとしたが、駅員に譲歩する様子はない。彼は時計を見た。もうあまり時間がない。見物人はだんだん興奮してきた。

ついに男は札入れを取り出して札を数え、10元ではなく20元を取り出した。女性はいらついた声で、つば吐きの罰金は10元だけだと言った。すると皆が驚いたことに、男が空を見上げた。私は彼は何を見ているのだろうかと思った。皆も上を見上げた。すると男が喉を大きく鳴らした。それから駅員の目をまっすぐ見ると、彼女の足下につばを吐きかけた。次に彼は10元札を2枚掲げて、駅員に渡した。見物人たちは歓声を上げた。駅員は侮辱されたのだ。男は最初あれほど支払うのを渋っていた10元の代わりに20元を失ったが、英雄となってその場をあとにした。口論に負けて、罰金以上のお金を払ったが、面子は保ったのだ。これはすごい！　見物人たちが今見た光景についてざわめくなか、彼は世界の王のように気取った様子で列車に乗った。

駅員の女性はほうきとちりとりを持って、床に吐きかけられた二つの牡蠣を片付けた。彼女があの男に罰金を払えと食い下がった理由がわかった。掃除しなければならないのは彼女自身だったからだ。見物人たちはようやく散らばり始めた。すると、群衆のなかで唯一の外国人だった私に注目が集まりだした。駅員はまだ怒りが収まらない様子で「何見てるんだい？」と私に怒鳴った。当時の中国では、多くの観光地で外国人には別の価格が提示されたため、私は「外国人がつばを吐いたら罰金はいくらですか？」と尋ねた。残っていた見物人たちが再び目を輝かせた。彼らは私の質問を何度も繰り返して、彼女の返事を待った。駅員は「10元。中国人と同じだよ」と腹立たしそうに言った。私は10元札を取り出したが――私も面子がほしくなったのだ――彼女は黙ってその場を立ち去った。

このつば吐きのエピソードから、面子と名誉の違いが説明できる。あの男は規則を破り、年上の人に非常に失礼な態度を取り、一度も謝らず、皆の前で面子を保って自分を良く見せるために、わざともう一度規則を破って自分の名誉を傷つけた。見物人たちは明らかに、面子を保ち自分の評価を上げるために恥さらしなことをしたあの男を認め、感銘を受けていた。彼とは対照的に、日本人なら自分を良く見せたいという利己的な目的のために、規則を破って自分の名誉を傷つけたりはしないだろう。

だが、日本人は自分の名誉を侮辱されると、中国人よりもはるかに敏感に反応する。日本人にとっての名誉というと、私はいつもエドガー・アラン・ポーの短編小説「アモンティリャードの酒樽」の冒頭の名文を思い出す。「フォルチュナートにはこれまで一千回も傷つけられ、そのたびになるたけの我慢をしてきたわたしだが、いよいよ故意の侮辱を受けるにおよんで、奴への復讐を誓った」（『E・A・ポー』集英社）。日本人は自分の名誉を守るためなら、自死することも人を殺すことも厭わないだろう。『葉隠』にこんな言葉がある。「時の行懸りにて勝負はあるべし。**恥をかかぬ仕様は別なり。死ぬ迄なり**（勝負は時の運である。恥をかかないやりかたはまた別である。死ぬ決心があればよいのである）」[132]。『葉隠』にそれを裏づける話がある。ある領主の城で催された宴の席でのこと。宴の客人の一人、徳久殿は不運な顔立ちをしていた。饗膳に泥鰌《どじょう》なますが出されたとき、ある客人が泥鰌を指さして、徳久殿に似ていると笑った。その日の夕方、別の無礼な客人がその冗談を持ち出すと、徳久殿は刀を抜いて、その男を斬り殺した。宴の客人たちはその出来事を城主である直茂公に話した。殿中で刀を抜くのは掟破りの行為で、破った者は死刑に処される習わしだったのだ。客人たちは徳久殿に切腹を申しつけるべきだと進言した。しかし直茂公はその提案を却下し、客人が殺されたのは無礼だったからだと言った。人にからかわれて黙っている者は腰抜けであり、徳久殿が名誉を守るにはその男を斬る以外に方法がなかった。刀を抜いたのが殿中だったことは重要ではない、と。[133]

　問題は徳久殿が侮辱されたことではない。それはほんの枝葉的なことだったのだ。重要なのは、侮辱されたら、侍として毅然とした行動をとらなければならないことだ。誰かが彼は馬鹿だとか、まずいなますを振る舞われたなどとからかおうが、問題ではない。だが、臆病風に吹かれてその侮辱に抗おうとしなければ、侍の道徳規範を破ることになる。臆病ではないことを証明するために、徳久殿は相手を殺さなければならなかったのだ。仮に彼が仕える主人や彼の父親がまったく同じことを言ったとしても、問題にはならなかっただろう。問題は侮辱ではなく、侮辱した者の身分が徳久殿よりも低かったことであり、だからこそ彼は自分の名誉を守らなければならなかったのだ。

中国人は分別、実用性、さらには健康で長生きするメリットを重視する傾向があるため、考え方がまったく異なる。ベネディクトはこう強調している――日本と違って、中国では侮辱された仕返しに暴力に訴えることは名誉ある行為とは見なされない。実際、中国人はこのような態度を愚かさや人としての度量の小ささの表れだと解釈する。[134]

宗教に関して言うと、中国の最初の宗教は祖先崇拝だった。儒教と道教が生まれたのは春秋戦国時代の頃であり、仏教が伝わったのはずっとあとのことだ。ドイツの詩人ゲーテが残したおもしろい言葉を引用しよう。「数学者はフランス人に似ている。あなたが何を言おうと、彼らはそれを自分たちの言葉に訳し、瞬く間にまったく異なる意味にしてしまう」。この言葉を聞くと、私は仏教が中国に伝わった過程を思い出す。インド人が書いた仏教の経典を中国人が中国語（非常に具体的な言語だ）に訳すと、瞬く間にまったく新しいものになった。林語堂によると、他の国で宗教が果たす役割と同じで、中国人は人生がうまくいかないときに仏教に頼るという。[135] 仏教は中国文化に根づいたが、中国は本質的に祖先崇拝と儒教が主流で、その次が道教だ。この宗教的な影響力のヒエラルキーについて、林は「中国人は皆うまくいっているときは儒教徒、うまくいっていないときは道教徒になる」と皮肉った。[136]

日本はまったく異なる。日本は本質的に神道主義だ。神道は日本古来の宗教で、自然信仰である。この概念は西洋人にはなじみがない。西洋人はアダムとイブが楽園から追放されたことや、神と自然が別物だと信じているのに対して、日本人は神と自然を分けて考えないからだ。そのため日本人は変わった信念体系を持ち、森羅万象を神聖だと考えているようだ。木、岩、風、そして動物たちも、すべてに神聖な一面が備わっていると考える。

日本では、死はごく当たり前の現実だ。自らを恥じる人にとって、自死は名誉を守るための一つの選択肢だ。解雇された、大学入試で落ちた、借金で首が回らなくなった、その他の何らかの理由で恥をかいたとき、名誉を挽回するために自らの命を絶つことは有効な選択肢なのである。

失敗は日本人にとって不名誉だ。中国人は状況によって面子を失ったと考えることもあるが、面子を失うことは恥ずかしいだけで、致命的なことではない。中国人は失敗による不面目を気にしない。それが人生だし、立ち直ることもできる。実際、中国生まれの天才のなかには、失敗から成功した人たちもいる。何度も指摘されてきたように、中国語で「機会」を意味する「机会」という言葉は、「机（危機）」と「会（機会）」を組み合わせた文字だ（1番目の文字がないと、2番目の文字だけでは意味が不明瞭だ）。

失敗に対する日本人の意識はまったく異なる。キャンベルが著書で語ったように、名誉や忠誠心を重んじる武士の道徳規範は、日本人社会のあらゆる階層にあてはまる。[137] 恥をかいたと感じる日本人は、それを罪だとは思わないが、武士道精神に従って自分の命を絶って名誉を挽回することを美徳と感じるだろう。当然ながら、こうした価値観の違いによって、失敗を気にしない中国人がリスクを厭わない一方で、名誉を汚すことを致命的だと感じる日本人はリスクも失敗も恐れるようになる。

名誉と面子の違いは、食事に関する日本人と中国人の礼儀作法にも表れている。私が常々興味深いと思うのは、日本人が出された料理をいつも最後の一口まで食べようとするのに対して、中国人は人をもてなすときの食事や何かの集まりでの会食で、大量の料理を残すことだ。日本人は、料理だけでなく、料理を食卓に運ぶまでのあらゆる労力も神聖だと考える。日本人は、食事の前に「いただきます」と言う習慣がある。これは料理のために命を差し出してくれた動物や野菜、農産物や畜産物を苦労して育ててくれた農家の人、そして料理人に対する感謝を表す言葉だ。日本人はあまったものを廃棄することを嫌う。そのような行為は「もったいない」と呼ばれ、道徳的に許しがたい行為とみなされる。もったいないという言葉には、軽々しいとか感謝と誠意が足りないといった意味が込められている。そんなわけで日本人はしばしば箸を使って、茶碗についた米粒を最後の一粒まで食べようとする。

中国では、面子を気にするために態度がまったく異なる。食事の際、中国人は食前の祈りをしない。ただ「开饭《カイファン》（食事にしよう）」と言うだけだ。夕食に客を招いたときや、誰かが幹事役となって外食したとき、中国人はいつもたくさん料理を注文して、料理をあまらせる。もし全員が完食したら、それは皆がまだ空腹であることを意味し、ひいては主催者がお金を出し渋ったとみなされるからだ。幹事にとって、これは面目丸潰れとなる。

そんなわけで、日本では出された料理を完食しないと失礼にあたるが、中国では出された料理を完食すると失礼にあたる（言うまでもなく、中国人も自宅で家族と食事するときは、面子の問題がないため、食べきれないほど料理を作ることはないし、食卓の料理はすべて食べる）。

中国で大きな屈辱にして一番面子を失いやすいのは、人から「小气」とみなされることだ。けちという意味の言葉だが、お金だけにとどまらない。気前がよくないとか、上品さに欠けるというニュアンスも含まれる。日本で一番ひどい侮辱は「変な人」と非難されることで、その次は「不真面目」だ。良くも悪くも、私はとても「小气」だ。私が中国にいたときのガールフレンドは、私の倹約ぶりに恥をかくことが多かった。彼女は私のせいで面子を失うことを嫌った。「彼にディナーに連れて行ってもらったのに、行った先はマクドナルドだった」と友人に愚痴るときや、彼女と連れだって歩くときに私がいつもくたびれた服を着ていたからだ。かくして彼女はいつも私を「どけち（铁公鸡）」と呼んだ。これは「鉄の雄鶏」という意味だ。鶏の羽は1ペニー（小銭）を表しており、私に1ペニーを払わせるのは、鉄の雄鶏から羽を一本抜くのと同じぐらい難しいということだ。

中国ではガールフレンドはいたものの、私は中国人女性にはまったくもてなかった。もてなかったのは、私が面子を潰すボーイフレンドだからだと気づいたのは、何年もあとのことだ。北京のホテルのロビーで、オーストリア人の友人ハンスと一緒に立っていたときのことだ。その場には同じ業界の3人の若い中国人女性がいて、私たちと話していた。間もなく気づいたのだが、私が話すたびに、彼女たちは悪臭を嗅いだみたいな顔をするのに、ハンスが話すと、皆うっとりした目で彼を見上げてため息をつくのだ。これは衝撃的だった。というのも1週間前にハンスと私が日本にいたときは、まったく逆の状況だったからだ。若い日本人女性はハンスが話すと顔をしかめたが、私が口を開くたびに笑みを浮かべてくすくす笑った。私はその違いにようやく気づいた。中国人は、大きくて屈強で外向的な性格で、身なりがきちんとしていて気前が良い男性を好む。ハンスは男らしくて、気前が良くて、いつもおしゃれな格好をしていた。中国人女性のお気に入りだった。中国では、（私のような）「けち（小気）」なボーイフレンドがいると、女性は頻繁に面子を失うことになるのだ。

日本は正反対だ。日本人女性が好む男性は、やせていて（やさしそうに見えるから）、内向的な（日本は衝突を避ける社会だから）倹約家だ（節約上手な男性の方が頼りがいがあるから）。おもしろいことに、一般的にアメリカ人女性も細身で内向的でけちな男性を好まない。そんなわけで、私が日本人女性と結婚したのはごく当然のことだったのかもしれない。

第3編

アメリカ人の考え方

第22章　アメリカ人と絶対的な真実

西洋文化の根底には、真実は絶対的なものだという信念がある。西洋人は恒星、つまり絶対的な真実を頼りに人生を歩む。天地創造の瞬間という概念は、ユダヤ教・キリスト教的な信念体系のベースとなっているのだ。**「光あれ」と神は言われた。第7の日に神は安息なさった。**その瞬間から時間が直線的に進んで今日に至り、終末の日まで直線的に流れ続けるだろう。西洋科学によると、約１３８億年前にビッグバンが起きたときに時間は始まり、太陽系の中心に位置する太陽は約45億年前に生まれたという。こうした出来事を経て、時間は今日まで直線的に進み続けてきたのだ。

いずれの場合にも不変の始点があり、そこを基準にすれば、あらゆるものを測定できる。あらゆるものを絶対的に捉えられる。正しいことと間違ったこと、良いことと悪いこと、真実と偽りといった、すべての要素を確定できるのだ。直線的な時間が流れる宇宙では、どんな人も、どんな動物も、どんな植物も独特な存在だ。この時間に対する信条こそが、東洋と西洋の間にある一番大きな違いだと私は思う。

東洋人は、時間を循環するものと考える。ビッグバンが起きて超高温・超高密度の状態から急膨張した結果、あるいはヒンズー教の守護神のブラフマーが目を開いて閉じた結果、宇宙が誕生した。世界は無限だ。あらゆることはすでに起きており、再び起きるだろう。時間が堂々巡りするなかでは不変の始点はなく、絶対的な真実を測るための起点は存在しない。万物は絶えず変化するのだ。日本では新しい天皇が即位するたびに元号が変わる。

多くの西洋人は、時間が循環するという思想になじみがないようなので、まずはこのテーマを掘り下げたい。直線的な時間と循環的な時間という思想の違いは、東洋と西洋という二つの大きな文化の違いを生み出すこととなった。

一つは、個人の役割に関する認識の違い。もう一つは、真実という概念に関する違いだ。

無限に循環し続ける世界では、自分にしかないものなど何もない。自我は永遠を感じ取ろうとする自分の感覚を鈍らせるだけだ。この世にいるのは自分の役割を果たすためだ。この考え方は、西洋の概念、すなわち個人を特別な存在として捉えて個性とみなす思想とは相容れない。東洋と西洋では真実の捉え方もまったく異なる。直線的な時間の枠組みのなかに絶対的な真実があると考える人は、自分の思想が正しければ、相手の思想は間違っているに違いないと考える。だが、循環する時間枠のなかで考える人にとっては、あらゆるものは相対的であり、双方が正しい可能性もある。真実は私たちの見方次第というわけだ。

個人の役割

時間が循環する宇宙では万物が相対的となり、神さえも人格を持たない概念になる。アメリカ人のジョーゼフ・キャンベルによると、人類は青銅器時代に惑星が恒星の周りを公転していることに気づいたのをきっかけに、それまでの宇宙観をがらりと変えたのだという。宇宙を動かすのは部族に伝わる人格を持った神ではなく、太陽も月も惑星もすべての動きは正確に決まっていて、人格を持たない神によって支配されていたのだ。非人格的な宇宙の秩序のなかでは、神々が果たす役割など役人程度でしかない。[138]

西洋人は、人格を持つ神と個人的な関係を築くことができると信じている。この点は東洋とはまったく異なる。東洋では個人は独特な存在とはみなされず、神は人格を持たないと考えられている。キャンベルが書いている通り、西洋人は自分たちの神に祈り、神と個人的な関係を築く。東洋では、宇宙を神聖なものとし、人間はその宇宙の一部と考えられているため、東洋人は自分たちの内側や他のものに神性を見出そうとする。西洋では、そのようなことを主張しようものなら、異教徒とみなされて火あぶりの刑に処せられた時代

もあった。[139][140]

西洋人は、神と人間を別々の存在だと信じている。幼い頃から私は、神はあごひげを生やした紳士で、雲の上から厳しいルールで測りながら私たちを見ていると思い込んで成長した。アジア人の信条はまったく異なる。東洋では、神は人間の心では到底理解できない存在だと思われているのだ。人間は神を表すシンボルを持つことはできるが、そうしたシンボルは私たちが理解しやすいように神を単純化したものにすぎない。シンボルそのものには神は宿っておらず、神はその背後にあるエネルギーなのである。私は、唯一の神が宇宙を創造したと信じて育った。東洋では、神そのものが宇宙であり、人間は宇宙の一部だと考えられている。つまり、神性は私たちのなかにある、ということだ。このことは、インド人が両手を合わせて「ナマステ」と挨拶するときや、日本人がお辞儀をする様子から見て取れる。こうした所作は、互いに宿る神性を認識したことを表す行為だ。東洋人にしてみれば、人は皆、巨大な統一体の一部なのである。この信念体系は東洋人の集団志向のベースとなっている。

このことをキャンベルは次のように説明している。「あなたが自分だと思うものは実はあなたではなく、あなたが思いもよらないものこそがあなたなのである。この矛盾、この不合理が東洋において欠かせない神秘なのだ」[141]。自己に対するこうした認識は、西洋人が信じる個人、人格を持つ神、人間と神との関係性とは相容れない。東洋人の思想は、人間は自分の自我を超越して自分自身を忘れる必要があり、それができれば、自分のなかの神や、他者のなかの神、万物に宿る神に気づけるようになる、というものだ。

インドには次のような有名な話がある。ある男が仏陀に「私は幸せになりたい」と言った。仏陀は、自我である「私」を追い払い、次に欲望である「なりたい」を追い払いなさい、そうすれば幸せだけが残るだろう、と答えた。「『諸行無常。諸法無我』。これが仏教における瞑想の基本だ[142]」。

誕生日の過ごし方を見ると、西洋と東洋の違いが浮き彫りになるように思う。西洋では、誕生日は個人にとって最高のお祝いの日だ。誕生日を迎えると、女の子も男の子も誕生日パーティに友だちを招待し、プレゼントをもらい、お祝いのケーキが置かれたテーブルの上座に座り、みんながバースデーソングを歌ってくれる。誕生日は特別な日なのだ。だが、日本や中国では誕生日パーティやお祝いをする習わしがない。アメリカでは、年齢を訊かれると、私たちは現在の年齢を答える。仮に私が現在49歳で、6月に誕生日を迎えたら50歳になるとしよう。年齢を訊かれたのが3月だったら、私は49歳と答えるだろう。日本では皆が元日に1歳年を取る。中国では、皆が旧正月に1歳年を取る。あなたが私に年齢を訊いて、私が日本人か中国人だったら、私は50歳になりますと答えるだろう。なぜならその年に私は50歳になるからだ（実際には51歳と答えるだろう。母親のおなかのなかにいた1年弱の期間も年齢に加えるからだ）。そんなわけで、東洋では正月に深い意味が込められている。逆に言えば、個人の誕生日には基本的に何もやらないのが伝統なのだが。

西洋に比べて、東洋では結婚記念日も重視されていない。日本に住んでいたとき、私はこの違いに愕然とした。日本の夫婦は結婚30周年、40周年、時には50周年記念日といった重要な節目をほとんど意識しておらず、祝うこともめったにない。他方で、企業は個人ではなく集団だからか、創業40周年や創業50周年といった記念日が大々的に祝われ、こうした節目に記念配当を出すことも珍しくない。

中国では「道《タオ》」、日本では「道《どう》」と呼ばれている哲学がある。道とは自然や宇宙の本来あるべき動きを表す。目標は「道」に従って自分の人生を歩むことだ。宇宙に従って行動することと、宇宙に逆らわないことが目標となる。利己的な欲望は「道」に逆らうことであり、この哲学では集団を気高いものとして重んじると同時に、個人の成長は考慮されない。[143] 道の哲学では「自我」の概念は否定的に解釈されていて、実際に日本語固有の言葉には「自我」を表すものがない。日本語で自我を意味する語は「エゴ」と発音される借用語なのである。

個人を軽視する風潮は、名前の違いからもうかがえる。中国と日本では、名字が先に来る。西洋では基本的にファーストネームで呼び合うが、東洋ではめったにない。日本では、肩書きや立場で呼ばれる場合が多い。家では、子を持つ母親は、子どもだけでなく皆から「お母さん」と呼ばれる。夫や祖父母からもしばしば「お母さん」と呼ばれる。それは「父親」も同じだ。職場なら、課のトップは「課長」と呼ばれ、社長は「社長」と呼ばれる。名前で呼ばれるのは、お互いが同じような肩書きを持っているときぐらいだ。通常、日本人の名前は4文字から成るが、それより多い人もいれば、少ない人もいる。大抵の場合、最初の2文字は名字を表す。人を呼ぶときに肩書きを使わない場合、次に多く見られるのはその人の名字に「さん」を付けて呼ぶ方法だ。かくしてミスター・タナカは「タナカさん」、ミセス・ワタナベは「ワタナベさん」と呼ばれる。ファーストネームで呼ばれることはめったになく、非常に親しい間柄でのみ使われる。

　中国にいたとき、私は誰かがファーストネームで呼ばれるのをほとんど聞いたことがなかった。一般的に、中国人の名前は3文字から成る。最初の1文字が姓で、次の2文字が名にあたる。たとえば習近平の姓は習（習うという意）で、名は近平（平和に近づくの意）だ。友人を呼ぶとき、私はほぼ毎回彼らをフルネームで呼んでいた。肩書きがある人の場合は、姓の次に肩書きをつけることが多い。そんなわけで、洪《ホン》教授は「洪先生」と呼ばれるだろう。他にも、簡略化された肩書きとして姓の前に敬意を表す「老《ラオ》」をつける。

私はよく友人の程俊《チェンジュン》を「老程《ラオチェン》」と呼んだものだ。同じ「程」という名前で年下の人がいれば、その人を「小程《シャオチェン》」と呼んだ。要するに、個人が重視される西洋では、お互いをファーストネームで呼び合うが、これは西洋特有の習慣だということだ。日本と中国では、誰かを呼ぶときに家族を表す姓で呼ぶし、個人の名は重視されていないのである。

すぐれた禅の話がある。ある修行僧が何年も瞑想に励んだ結果、ついに悟りを開いたと感じた。自我が消えたのだ。そしてその境地を表そうと、四つの風（東風、西風、北風、南風）ですら自分を動かすことはできないという詩を書いた。その詩を読んだ和尚は、一番下に文字を一つ書いた。「屁」と。修行僧はこの字を見て心底から腹を立てた。その失礼なコメントについて和尚にひとこと言おうと、彼は小舟に乗って川を渡った。修行僧が和尚の家の戸を叩くと、怒っている彼を前にして、和尚はただ穏やかに「四つの風はおまえを動かすことができなかったが、一つの文字が川の向こうからおまえをここまで連れてきたか」とだけ言った。修行僧は即座に和尚に頭を下げ、その瞬間に悟った。この話の教訓は、あなたが表面的な自我を克服できたとしても、根源的な自我も克服する必要があるということだ。

循環する時間のなかでは、今年の春は翌年の春と同じで、今年の夏も昨年と同じであり、翌年の夏もまた然りだ。春は春、夏は夏。それ以上でもそれ以下でもない。これは個人にもあてはまる。私はこれまでに数え切れないほど生をうけてきたし、今後もそれは変わらないだろう。そのため東洋での私の役割は、唯一無二の個人になることではなく、何を任されようとも社会での自分の役割を果たすこと、きちんと全うすることだ。「サンスクリット語には個人を意味する単語がない」とキャンベルは指摘する。[144] アメリカ人として私は、自分は唯一無二の存在であり、私がこの世で生きているのは、人格を持つ神から任された特別な任務を果たすためだと信じて育った。そんな私にとって、この古代インドの言語が個人の概念を無視するどころか、それを表す言葉さえないなんて、ほとんど信じられなかった。

キャンベルは、人としての務めをきちんと果たすことが仏教徒の道だと述べている。そのように考えると、日常生活のあらゆる存在が神聖なものとなり、あらゆる場が教会となり、聖域となる。すると人は、自分は救われるだろうかと不安に思ったり、心配したりする必要もなくなる。救いの道は、自分の人生を善く生きること、さらには無欲かつ利他の心で自分の義務を果たすことにあるからだ。[145]

さらにキャンベルは、東洋人は自分自身を個人とはみなさず、社会における自分の役割について考えると述べている。そのため教育の目的は、学生に自分たちの役割は何なのか、その役割のもとでどう行動するのがベストなのかを教えることだ。西洋人はよく東洋人の学生がひどく従順なことに驚くが、東洋人もまた西洋の学生が主体的で、先生の威厳に対して十分な敬意を払わないことに驚く[146]。

東洋では、先生は先生という役割を担っているだけで、生徒から絶対的な尊敬を集める。生徒は質問をしないし、先生の威信を疑うこともない。たとえ先生の発言に同意できなくても、先生が言うことは何であれ絶対的な真理なのである。西洋では、先生の知識と能力に敬意を払うが、先生が自分の専門分野を理解していなかったり、間違ったことを教えたりしたら、その先生を尊敬することはない。だが、東洋は違う。

私は苦い経験を通してこの違いを学んだ。中国で経済学を専攻していたとき、私たちは西洋のマクロ経済学とミクロ経済学を勉強していた（ちなみに、このとき使っていた教科書はマサチューセッツ工科大学で使われている教科書の海賊版だ）。同時に、社会主義的な計画経済学の講義も受講していた。中国人は資本主義と社会主義の両方の経済学を同時に学ぶという矛盾を問題だとは考えていなかった。

やっかいなことに、計画経済学の授業は内容が論理的に間違っていたうえに、実践した結果が大失敗だったため、筋が通らない内容が多かった。この経済学は、人間の性質も経済学の原理も無視していた。先生は80歳を超えた熱烈な共産主義者で、計画経済学を盲信していた。先生は利潤最大化の原則を例に挙げて、西洋の経済学の弱点を指摘する一方、計画経済学の原則に従えば利潤を最大化させながらコストを最小限にできるため、計画経済学の方がずっとすぐれているとよく口にしていた。この説明は論理的に意味を成さないため、私はやむなく手を挙げて「コストをかけることで限界利益が増えるケースもありますよね？　コストは増えますが、利益はもっと増えるケースです」と質問した。

先生は私の質問には答えなかった。計画経済学には、製品の改良、流通の改善、商品の宣伝にコストをかければ、そのコストを上回る利益が生まれるという概念がないからだ。先生は激怒したが、それは私が質問したせいで先生が知識不足に見えたからではなく、もっと悪い行為、つまり私が先生の権威に疑問を投げかけたからだった。

東洋で見られるこうした義務感や果たすべき役割は確定的なものだ。生徒は自分の意見を展開する必要はない。人は自分の役割を受け入れなければならないというのが東洋の伝統的な考え方だ。やりたいことをやるべきだという西洋の概念とはまったく異なる。ヨーガの行は、自我を抑えて個人的な利益を考えずに、自分の義務を淡々とこなすようになるために行う。この修練は西洋人にとっては実に厳しい。「**東洋では、個人がやるべきことは社会によって決められる。つまり、社会生活を通して、人それぞれに有無を言わせずに果たすべき義務があるという世界観が個人の意識に刷り込まれる**」とジョーゼフ・キャンベルは言う(147)。

日本には単身赴任なるものがあると初めて知ったとき、私はショックを受けた。日本の男性サラリーマンが海外の部署に3～5年ほど派遣されると、その間、妻と子どもは日本に留まることがよくある。このような形で働く人を単身赴任者と呼ぶ。単身赴任は海外部門を持つ日本企業でよく見られる（国内の異動でも同様のケースがある）。言うまでもなく、単身赴任をする男性も個人的には家族と一緒にいたい。しかし集団に対する責任を優先しなければならないため、会社を優先して、一人で海を渡る。妻も夫と一緒にいたいと思うが、妻は妻で地域での責務を優先させなければならない。夫が仕事に尽くすのと同じように、妻も近所づきあいや地元の学校のために労力と時間を費やすのである。妻が最優先すべきことは地域への恩義や責務であって、夫ではない。その結果、夫が海外に赴任する間、夫婦は別々に暮らすことになる。東洋では、集団での責務が個人の願望に勝るのだ。

　このような概念は中国でも見られるが、林語堂によると、その原因は儒教の五倫に従って、個人が自らを犠牲にして社会における自分の役割を優先させたからだという。中国では、個人の尊厳に勝るのが家族制度であり、個人は身近な人間関係を通してしか理解されない。家族制度のもとでは、人は常に大勢の人間を相手にしなければならず、忍耐こそが重要な美徳となる。[148]

　人の名字や肩書きを見れば、その人の社会的地位や責任、その人がどのような態度を取りそうかがわかる。儒教が重んじられる社会では、皆が自分の立場をきちんと認識してそれぞれの役割を果たせば、社会秩序が保たれるのだ。[149]

「要するに、家族制度は個人主義そのものの否定であり、競馬の騎手の手綱が突進するアラブ種の馬を制するがごとく人間を抑制するものなのである」と林は言う。[150]

このような東洋の考えはすべて、西洋の理想とは大いに異なる。マズローの欲求5段階説によると、人間は身の安全や住居などの基本的な欲求が満たされると、一番高度な欲求である自己実現を求めるという。ジョーゼフ・キャンベルはこの違いを次のように説明している――西洋の人々は、個人を唯一無二の存在だと信じている。西洋で崇められる英雄は、ある特定の時期に存在する特定の人物だ。東洋では英雄は生まれ変わる。生まれ変わることで、あらゆる個人が些末な存在へと矮小化される。[151]

ここでの教訓は、西洋と東洋では人づきあいや交流のあり方が根本的に異なるということだ。西洋人を相手にするときは、その人ならではの個性、すなわち生い立ち、趣味、動機、弱点といったアイデンティティに関する事柄を知ることが重要だ。中国人や日本人を相手にするときは、相手がどのグループに所属しているか、そのグループ内での役割、そのグループから何を期待されているか、そのグループ内の階層における立ち位置や序列を知ることが重要になる。

西洋では、自分が決めたことには自分で責任を負うのが当然とされる。自分が何を望むかを決断し、その結果を受け入れる。それにひきかえかつての東洋では、何を食べるか、何を着るか、誰と結婚するかまでも決められていた。このような環境では個人の自我が発達する余地はなく、人々は伝統に従って人生を全うしたのだ。[152]

リチャード・ニスベットは、著書『木を見る西洋人　森を見る東洋人　思考の違いはいかにして生まれるか』（ダイヤモンド社）のなかで、この違いを見事にたとえている。「西洋人は自伝的小説の主人公であり、アジア人は自分たちの生活に関わりのある映画の出演者の一人である[153]」

逆説的ではあるが、中村元が指摘したように、人間は自分の人生を個人的に捉えるべきではないのである。「けだしインド人の世界観によると、宇宙、世界ならびに社会的秩序は永遠に存続するものであるが、これに反して個人の生命は、同一の霊魂を宿して無限の時間のうちに繰り返される一連の諸生活の中でひとつの場合にすぎないから、したがって終極的にはきわめて意義の乏しいものとなる[154]」。「日本人は自分たちの閉鎖的で狭い関係のなかの一員だと強く意識する一方で、**西洋人とは異なり、個人や社会的存在としての自己を十分に意識することはめったにない**[155]」。

キャンベルはこのことを裏づける実に興味深い日本の話を引用していて、私も有益だと感じたので紹介しよう。一人の武士が、自分の領主を殺した男を捜し出して追い詰めた。武士は刀を抜き、仇を討つために男を斬り殺そうとした瞬間、その男が武士の顔につばを吐いた。武士は刀を鞘に収めて立ち去るしかなかった[156]。

もし武士が義務として男を殺したなら、その行為は犯罪にはあたらない。だが、もし武士が顔につばを吐きかけられたことに腹を立てて斬り殺したら、それは犯罪と見なされただろう。そのような行為は宇宙の摂理に反するからだ。同様に、東洋の考え方では、人間は個人的な感情や願望を抑えつけて自らの義務を全うすることを優先し、社会でのそれぞれの役割を果たして生きていかなければならない。

ベネディクトは同じような論理を説明しながら、西洋と違って、日本では主君の仇討ちのために義理を果たすこと（感謝）と、自らの名誉を守るために仕返しすること（復讐）を正反対のことだと区別して考えないのだと主張する。日本では、義理に駆られて仇討ちしても侵害行為の誹りを受けることはなかった。実際に日本では、正しい義務感に駆られての仇討ちは犯罪にはあたらなかったのだ。それどころか、その行為はもともとの悪行から悪を取り消すことになるため、善行と見なされた[157]。

第23章
白か黒かはっきりさせたがるアメリカ人——真実、貿易、健康、法律について

「嘘も方便」は、日本語のことわざだ。人は都合の良いときには嘘をつくものだと、嘘を正当化している。嘘をつくことは正しいか間違いかといった問題ではなく、社会的に必要だと示唆しているのである。

絶対的な真実を信じる人たちは、一度真実が判明すると、それ以外の意見を却下するという一面がある。ユダヤ教徒とキリスト教徒は、自分たちの信仰とは異なる神を信仰することを冒涜的行為と見なす。彼らの神を信じない者は迫害されるか追放されるのだ。

東洋では、自分たちの神（または神々）を信じることもできるし、他の宗教も受け入れられるが、このことは広くは認識されていない。ヴァン・ウォルフレンも「西洋の知的・論理的な伝統は、普遍的に通用する何らかの信念があるという前提に深く根ざしているので、このような前提を欠く文化がありうるとは、とても考えおよばない」と強調している。[158]

言い換えれば、東洋人が普遍的な真実があると信じていないことをきちんと理解している西洋人は、ごく一部しかいないということだ。

東洋の人たちは、人間の頭では宇宙の根底に潜む絶対的な真実を読み解けるはずがないと考えている。人間に理解できるのは、人間の五感で感じ取れる範囲の世界に限られる。真実は人知を超えたところにある。キャンベルが述べたように、「東洋哲学の世界観の根底には、人間が知りたいと追求する神秘、すなわち究極的な真実は、人知を超えたものだという思想がある」のだ。東洋では、人間の描写も思考もシンボルも、人間が理解できる範囲に収められている。不変の真実は、人間の思考力では捉えられないところにある。人間の理解力を超越しているのである。[159]

ヴァン・ウォルフレンは、日本人が独特の見方で真実を捉えていることをうまく説明している。昔と比べて、現代のアジア社会は矛盾する言動、すなわち真実を柔軟に変えることはそれほど容認されない。にもかかわらず今日の日本は、他のアジア諸国よりもはるかに柔軟に真実を変えてしまうのだ。西洋では、事実は不変で絶対的なものであり、意のままに変えられないと思われている。真実は主観的なものではなく、客観的なものだ。西洋の思想は、自分の都合のいいように解釈してはいけない、幻想ではなく現実に対処せよと私たちに自制を促す。西洋人が求めるのは真実であって矛盾ではない。この姿勢は西洋の論理、数学、科学の礎となっている。[160]

ヴァン・ウォルフレンの見解によると、日本の世界観を決定づけたのは、真実に対するこの柔軟な見方に加えて、「どのような状況にも普遍的に通用する真理や法則、基本概念や倫理がありうるという考え方が、日本にはほとんど存在しない」ことだという。[161]

日本に住めば、誰もがやがて本音と建前という言葉を知るだろう。建前とは、調和を保つためや、誰かを怒らせたり、誰かの面目を潰したりしないために言う表向きの言葉だ。一般向けの真実である。本音とはリアルな真実のことだ。一例を挙げよう。あなたが日本にいて、誰かの家に夕食に招かれたとしよう。招いてくれた人は、あなたとは正反対の考え方をする人だ。仮にその人から特定の問題について意見を求められたら、あなたは建前で答え、あたかも相手の意見を支持するか、場合によっては全面的に賛成するかのようなことを述べる。ところがいざ自宅に帰ると、あなたは本音に戻って、実際にはどう感じていたかを口にするだろう。人前でいつも建前を話す人は、嘘つきとか間違ったことをした人と見なされることはない。このような矛盾する言動は容認されるからだ。同様に、もし日本人が酒に酔って本音を吐いたら、それは（適切な状況下では）しかたがないことだと許容される。その発言はあなたに対する批判ではないからだ。だが、翌日、職場に出勤したら、いつものように建前で話す必要があるだろう。

ヴァン・ウォルフレンによると、日本人は、このような一見矛盾に見える行為も必要だと受け入れる。そのため、外面はいいが信頼できない人だと思われないかと不安に思うこともなく、感情的な本音と表面的な顔を使い分けることができるのだという。真実は絶対的なものだと考える西洋人は、誰と話すにも一貫性を持たせなければならないが、日本人は状況に合わせて柔軟に対応することを良しとしている。日本語には、この種の一貫性や厳密な論理にこだわる人を表す言葉がある。このような人は「理屈っぽい」と言われる[162][163]。

アメリカ人が真実は絶対的なものだと信じる一方で、中国と日本では状況次第で真実はいつも変わり得る。西洋では、誰かが人前でこうだと言いながら、裏では反対のことを主張しようものなら、二枚舌の嘘つきだとみなされる。西洋人は、物事は正しいか間違っているかのいずれかだと信じていて、ディベートをすると、一方が正しくてもう一方は間違いだと判断されて終わる。一方、東洋では正誤の判断がつかないグレーゾーンが非常に広いのである。

アメリカ人には、真実を絶対的なものだと信じるからこそのデメリットもある。もし誰かが西洋人とは異なる意見を主張したら、アメリカ人は自らの信念に従って、その人が間違っているに違いないと思い込む。西洋人には民主主義、資本主義、さらには神でさえも絶対的で、いつでもどこでも正しいという強い固定観念がある。自分たちのシステムが一番良いと確信するあまり、たとえ相手に自分たちとは異なる文化や背景があろうとも、自分たちのシステムを強要しても良いと考える。2003年に起きたアメリカのイラク侵攻は、この論理が招いた悲惨な事例と言える。

一方、真実は絶対的だという信条には、大きなメリットもある。正しい方策が見つかれば双方が得をする結果になるはずだと考えるところだ。西洋人は双方が得をする解決策があると信じているため、喜んで正しい解決策を探そうとする。

西洋人とは対照的に、中国人はどんな取引にも「分の良い勝者」と「分の悪い敗者」がいると考えると、ルシアン・パイは著書『中国人の交渉スタイル――日米ビジネスマンの異文化体験[164]』のなかで指摘している。中国人との交渉では面子が重要となるため、どんな取引もゼロサムゲーム（訳注：各参加者の得失点の総和がゼロになるゲーム。つまり勝ちと負けが必ず生じるゲーム）となる。たとえ取引の結果、両者が利益を得たとしても、中国人は自分たちの利益が相手の利益をどれだけ上まわったかで成功を測るため、こうした利益の比較によって、片方が勝者となり、もう片方が敗者となる。よって取引とは単なる二者間での交易ではなく、威信と面子がかかった問題なのだ。アメリカ人は自分たちの利益になる契約を取り付けると「勝った」と考えるが、中国人の交渉人は相手よりも有利な条件を取り付けなければ、「勝った」とは感じない。

アメリカは北米自由貿易協定（ＮＡＦＴＡ）をはじめとした自由貿易協定（ＦＴＡ）をいくつか結んでいるが、それは締結国どうしが同等でなくとも確実に恩恵を期待できるからだ。だが、相対的な枠組みで考える人はそうは考えない。相手も自分も得する場合であっても、相手の方が多く得すれば、自分が相対的に損することになるからだ。中国と日本がＦＴＡを結ぶ事態など、ちょっと想像がつかない。たとえＦＴＡが中国にとって利益になるとしても、中国は日本が得をするのをサポートしたいと思わないし、日本も同様だからだ。

相対的な真実を信じる東アジアの国どうしがＦＴＡを交渉しても、いかなる合意も見込めないだろう。どちらか一方の利益が必ず相手国の利益を下回ることになって、相対的に損をするからだ。中国は、世界貿易機関（ＷＴＯ）に加盟したとき、互恵的な取引を望んだアメリカをまんまと利用することに成功した。中国がＷＴＯルールの下で特別扱いを享受できるのに対し、アメリカが得られる恩恵はずっと少ない。真実は絶対的なものだと信じるあまり、アメリカはこの不平等な条件を受け入れたが、それはたとえ中国がはるかに大きな恩恵を受けようとも、中国が加盟する方がアメリカにとって有利だと判断したからだ。

中国がＦＴＡ交渉に臨むときは、たとえ全体的に大きな利益を期待できる状況であっても、彼らが着目するのは、中国が日本や韓国よりも大きい利益が見込めるかどうかであって、自分たちが確実に得られる利益ではないだろう。こうした相対的な考え方のせいで、彼らはきわめて商業主義的だ。中国は世界各国に対して多額の貿易黒字を計上しており、この傾向は今後も変わらないだろう。貿易赤字に陥るぐらいなら、外国とは貿易しないと判断するかもしれない。19世紀中頃にアヘン戦争が勃発した背景には、貿易上の問題があった。ヨーロッパ諸国は中国に対して巨額の貿易赤字を抱えており、中国からの輸入品の対価として、ヨーロッパから銀が大量に中国に流出した。中国は巨額の貿易黒字を維持することしか頭になく、貿易不均衡の問題に対処したがらなかった。そのためイギリスの東インド会社が、銀の流出を食い止めて大幅な貿易赤字を解消しようと、大量のアヘンを中国に売りつけたのだ。

絶対的な真実とアメリカ社会

「自由とは、ただ好きなことをするということにではなく、我々がなすべきことをなす権利を持つことにこそある」

——ヨハネ・パウロ2世

アメリカ社会を定義づける特徴の一つは、自由の概念だと思う。この自由を重視する考え方は、絶対的な真実を信じるアメリカが相対的な真実を信じる東洋と大きく異なる点だ。17世紀に新天地を求めてアメリカに入植した人たちの多くは、信教の自由や弾圧的な政権からの解放を目的としていた。自由を愛する精神は、アメリカ人のＤＮＡに組み込まれているのである。政治家のパトリック・ヘンリーも「我に自由を与えよ。しからずんば死を！」と力説した。アメリカ人は何よりも、言論の自由、信教の自由、集会の自由、出版の自由を重んじる。日本人と中国人は自由に対してまったく異なる見解を持っている。

元来、日本人は自由を謳歌したことがほとんどなかった。個人の自由という概念は、第二次世界大戦後にマッカーサーによって押しつけられた日本国憲法によってもたらされた。日本の社会は明文化されたルールや不文律で満ちあふれているが、基本的にはこの限られた基準の範囲内であれば何をやっても良いとされている。国民は本質的に国家の支配下にあり、彼らの目的は各々が属する大なり小なりの集団や組織でそれぞれの役割を果たすことだ。言論の自由とか信教の自由といった概念はなかった。国は教育制度やマスコミを通して、国民に何を考え、何を信じるべきかを指導する。物事を文字通りに受け止める国民性もあって、日本人はきわめて従順かつ忠実に法律に従う。アメリカ人は専制的な政府や独裁政権、独裁者による支配から自由になりたがる。日本の皇室は神の末裔であるため、国民は専制的な支配だの独裁的な支配だのといったことは想像にも及ばず、そもそも規則を疑問にすら思ったことがないのだろう。

　中国人は違う。中国は人口過密な国で、人々は真実を相対的なものだと信じ、家族を唯一の信頼できる制度と考える。家族や一族は自分たちで自らの面倒を見なければならないため、想像力が乏しくて規則重視の日本人と違って、中国人はいつも有利な立場に立とうと法網をくぐる方法を探している。そのため国は、厳しい規則を設けて厳しく施行する必要がある。たとえば、中国の国民には住む場所を選ぶ自由さえない。中国には「戸口」と呼ばれる戸籍制度があり、国民はこの制度によって厳格に定められた市町村にしか住むことができない。特別扱いされる中国共産党員ですら、住む場所を選べないのだ。

　５０００年の歴史を通して、中国の支配階級は自由を絶対的な善とはみなさなかった。実際、個人が自由を手にすると、社会全般に悪影響を及ぼすことが多々あった。そのため権力者たちは、国家の安定と結束を維持するための秘訣は自由を与えないことだと考えた。昔から中国には信教の自由も、言論の自由も、集会の自由もなかった。私がこのことを中国人に尋ねると、彼らは親が教育熱心だったために、子どもの頃に毎日朝7時から夜中まで勉強させられたと答える。自由など考えたこともないし、想像すらしたことがないのだ。

子どもの頃の彼らの特徴は従順の一語に尽きるのだろう。

19世紀後半、アヘン戦争に敗れた中国はついに欧米諸国の進出を許さざるを得なくなったが、興味深いのは、その当時の中国人が最初に手に入れようと闘った自由が、結婚の自由だったことだ。それ以前、結婚はすべて親によって決められ、生まれる前から婚約を決められていた夫婦もいたという。近代の中国人たちが結婚相手を選ぶ自由を求めたのは無理もない。

今日の中国人が一番ほしがる自由は、お金を稼ぐ自由と、政府に没収されるのではないかと不安を覚えることなく、銀行に預金したり、投資したりする自由ではないだろうか。所有の自由があれば、これまでに貯めたお金で集合住宅の一室を買っても、財産権が認められるようになるからだ。お金の自由がある限り、中国人は信教の自由や言論の自由や集会の自由がなくても（生活の大部分において）不満はない。混乱に満ちた中国の歴史を思えば、彼らにとって安心と秩序ははるかに貴重で、自由という概念はそれほど重要ではないのである。

アメリカでは、自由の概念に加えて、万人は平等に創られているという重要な理想がある。この理想はアメリカの民主主義の基盤でもある。一人一票の原則だ。真実は相対的だと考える社会は、万人は平等とは考えないし、それどころか非常に厳しい序列がある。中国では都市がすべて階層化されており、北京や上海などのティア1都市の出身者が誰で、ティア2都市（各省の省都が多い）の出身者が誰で、ティア3都市はもちろん、ティア4、ティア5都市の出身者さえも把握されている。人々はさらに地位、仕事、収入、学歴、年齢でも階層化されている。日本では名刺交換が欠かせない。というのも相手の肩書きを確認しなければ、どのレベルの敬語で話せばいいのか見当がつかないからだ。

アジアで民主主義が根づかないのは、このようにヒエラルキーが過度なまでに重視されているからだ。と同時にこれは、アメリカで共産主義があり得ないのと同様、中国で民主主義があり得ない理由の一つでもある。

アメリカ人は真実を絶対的だと信じるがゆえに、アメリカ人の考え方こそが正しいと思い込む傾向がある。アメリカ人は、物事を正しいか間違っているかのいずれかだと判断する。オール・オア・ナッシングだ。物事は白か黒かのどちらかで、その中間のグレーゾーンがない。

アメリカ人の直線的な論理が絶対主義的になると、犯罪に対する処罰が法律至上主義になりがちだ。他方で、アメリカには犯罪者の権利を守る法律もたくさんある。そのため、時にこうした制度を悪用してまんまと罰を逃れる犯罪者もいる。アジア諸国は社会全体についてはは非常に気にするものの、犯罪者の権利は気にしない。他方でアメリカでは、規則を厳しく順守するあまり、犯罪者に過度な厳罰が科されることがある。カリフォルニア州には、2度有罪判決を受けた人が3度目の有罪判決を受けると重い刑を科される三振法という法律がある。実際、数個のパンを盗んだといった軽犯罪や非暴力的な犯罪が原因で終身刑を言い渡されるケースがあった。[165] 真実は相対的だと考える人にとっては、空腹を満たすために食べ物を盗んだ罪で人に終身刑を科すことは、状況を考慮していないし、非常識にしか見えないだろう。

もう一つの例として、アメリカ政府は何十年もの間、脂肪は総じて身体に悪いと国民に訴えてきた。人類は何百万年も脂肪を口にしてきたにもかかわらず、政府が推奨する栄養基準で脂肪は身体に悪いと決めつけられたのだ。心疾患を患う人はコレステロール値が高い傾向があるため、直線的な論理を使って、コレステロールは身体に悪いに違いないと結論づけたのだろう。政府は、コレステロールが含まれないからという理由で、バターの代わりにマーガリンを摂取するよう国民に勧めた。人間が摂取する栄養素には天然の脂質が欠かせないことなどお構いなしで、おまけにマーガリンに含まれるトランス脂肪酸は人体にきわめて有害であるにもかかわらず。

政府が推奨する栄養基準に従って低脂肪な食事を心がけた結果、アメリカ人はどんどん太っていった。解決策は単純明快だったが、直線思考のアメリカ人は混乱した。良い脂肪は身体に良いが、悪い脂肪は身体に悪い——中国人や日本人がそう聞けば、常識的な考え方ですぐに理解するだろう。そんなわかりきったことでなぜ騒ぐのかと首をかしげるかもしれない。真実は絶対的だと信じる直線思考のアメリカ人に「良い脂肪は身体に良いが、悪い脂肪は身体に悪い」と言ったら、すぐに混乱するだろう。大抵の人は「脂肪は身体に悪いと思ってたけど」と答える。この短絡的な直線思考が、アメリカ国民に計り知れないほどの被害をもたらしてきたのである。

中国人は違う考え方をする。中国人の思考の本質には「中庸」の概念がある。中国人はほどほどを心がけるため、たとえあなたが何かを熱心に勧めても、取りすぎは毒だと考える。水でさえ、飲みすぎると死ぬことがある。中国人は、脂肪を身体に良いものとも悪いものとも思わないだろう。どの種類の脂肪をどの程度摂取するかによる。何ごともほどほどにすべきというのが彼らの哲学であり、身体に悪いものでも、ほんの少量なら問題はないと考える。

グルテン過敏症も典型例だ。西洋医学の統計によると、人口の1～2%がセリアック病にかかっており、小麦粉に含まれるタンパク質のグルテンを摂取するとアレルギー症状が起きるという。この症状は出るか、出ないかのいずれかだ。小麦粉に対して強いアレルギー症状が出る人もいれば、何ら問題のない人もいる。常識的に考えれば、人類が誕生して以来、パンコムギを日常的に食べる人は、人間という種の総数のうちの１％にも満たない。進化の速度には個人差があり、小麦粉に適応した人もいれば、そうでもない人もいるのだ。グルテンに耐性のある人と深刻なセリアック病に悩む人との間にはグレーゾーンがあり、そのなかにはグルテンに対してさまざまな反応が出る多様な人々がいる。小麦アレルギーの人もいれば、グルテン不耐性の人もいるし、過敏なだけの人もいる。真実は絶対的だと信じるアメリカ人は、グルテンを善か悪かどちらかに決めつけようとするが、常識的にはアメリカ人の主張にきちんと耳を傾けるまでもないだろう。

もう一つアメリカ人の最近の思い込みに、太陽は健康に悪いというのがある。日光を浴びるときは、皮膚がんを予防するために日焼け止めを塗らなければならない。実のところ、人間は１００万年以上もの間、太陽の光を直接的に浴びながら進化してきた。日光を浴びると体内でビタミンＤが生成されるなど、日光には何百もの効果がある。一番いいのは中庸の道を選ぶことだ。日光の浴びすぎは皮膚がんを引き起こす恐れがあるため、確かに身体に悪い。日光を避けすぎると、今度は自然の理に反するし、不健康だ。理想は適度に日光に当たることだが、白黒をはっきりさせたがるアメリカ人は、中庸という概念がなかなか実践できないのである。

医学が絡む事例は他にもある。大人になると扁桃腺が役に立たなくなると知ると、アメリカ人はオール・オア・ナッシングな結論として、扁桃腺に異常があれば、それを摘出しようとする。中国人は扁桃腺を身体の一部と考える。具体的な機能がわからなくても、扁桃腺は身体全体のバランスを整えるのに役立つと考えるのだ。中国人は、鍼療法の機能を科学的に説明できないが、自分の経験と試行錯誤によって鍼療法が効くことを知っている。鍼療法の目的は、身体全体のバランスを整えて、身体に備わった自然治癒力を最大限に高めることだ。たとえ科学的に解明できなくても、扁桃腺には現在の私たちには理解できない有益な機能があるのだろう。

アメリカ人は法律でもオール・オア・ナッシングなアプローチを取る。物事を合法か違法かはっきりさせようとするのだ。この点は、状況を少しずつ変化させていく相対的な真実派の中国人とはきわめて対照的だ。常識的に考えて、法改正によって予期せぬ結果がもたらされる可能性もあるため、中国人は新しい政策を少しずつ導入していく。直線思考の人は想定外の影響を考慮しない。西洋人は自分たちが理解できる因果関係にしか目を向けないのである。中国当局は、新しい法律を施行すれば、その規制を逃れるための新たな抜け道が次々と作られることを認識している。そのため、手始めに2、3の都市を選んで新しい法律を施行する。そうして小さくスタートして、国民がその規制をどう回避するか、またはどう悪用しようとするかを確認して、軌道修正する。アメリカ人が法律を改正するときは、オール・オア・ナッシングな方法を取ることが多い。

アメリカでは嗜好用の大麻が解禁されたが、この事例は興味深い。というのも、アメリカはいつものオール・オア・ナッシング・モデルではなく、徐々に変化を進める中国式モデルを採用したからだ。大麻は連邦法では違法のままだが、各州で大麻を合法化できるようにしたのだ。そんなわけで、コロラド州やオレゴン州などはいち早く大麻を合法化し、他の州と連邦政府は、各州での大麻合法化の影響を検証することができた。この漸増的な解禁によって、合法化された州でどれだけの経済効果が上げられるか、犯罪発生率が増減するか、どのような予期せぬ影響が出てくるかなどを評価できるようになった。真実を相対的だと考える水平思考の中国では、新しい方針を導入するとき、ほぼ毎回この手順を踏む。1、2都市から始めて徐々に施行範囲を広げ、途中で新たな知見を得るたびに調整するのだ。

抽象思考でも硬直思考でもない、バランス型のアメリカ人

結論を言うと、アメリカ人は一般的に硬直思考でも抽象思考でもなく、その中間のバランスの取れた考え方をするように私は思う。西洋文化の根底にはイエス・キリストが処女

の女性から生まれ、亡くなったあとに復活し、その身体で天に昇ったという信仰があることを考慮すると、西洋人は物事を文字通りに受け止めないタイプだと判断するのは誤りのように思える。

多くの西洋人は今も、聖書に書かれてある通りに、６０００年ほど前（紀元前４０００年頃）に神が宇宙を創造したと信じている。たとえ天地創造の話がさまざまな文化で見受けられる神話のモチーフと同じであろうと、西洋ではこの話が事実だと認識されてきた。このことから西洋人は時として硬直的に考えることがわかる。その反対にインドの伝統では、釈迦は母親の脇から生まれ、生まれて間もなく歩いて話すことができたと言われているが、仏教徒は総じてこの驚異的な出来事を事実ではなく、象徴的な出来事だと理解している。

他方で、アメリカ人は間違いなく抽象思考の使い手だ。現代の生活に欠かせない発明の大半は西洋で生まれた。電球、電話、飛行機、エアコン、冷蔵庫、ラジオ、テレビ、車、コンピューター、インターネットなど、アメリカで生まれたものばかりだ（ヨーロッパで生まれたものもある）。新しい発明には創造力が必要だが、創造力には抽象的思考が必要になる。

第24章　アメリカ人の直線思考

直線思考と水平思考の次の定義はなかなか的確だと思う。

●直線思考――あるテーマに関するアイデアを連続的に積み上げていって、目的を導き出す考え方。

●水平思考――あるテーマから別のテーマを考え出したり、テーマどうしを結びつけたりしてコンテキストを構築し、さまざまな視点から解決策を見つけ出す考え方。

直線的な論理は有益であり、科学的思考の土台を成している。観察したことを基に仮説を立て、実験を経て結論を導き出すといったように、論理がまっすぐに展開する。世界の他の国々に先駆けて、西洋社会が産業革命を契機にめまぐるしい進歩を遂げた背景にはこの思考がある。西洋はいくつかの進歩をもたらしたが、直線的な論理がそれを後押ししたと言われている。西洋人が自分たちの科学的な偉業や、これまでに築いてきた社会制度、政治システム、経済体制を誇りに思うのは無理もない。

直線的な推論、水平的な推論、直感的な推論の違いが際立つ例をいくつか挙げれば、アメリカ人の直線的な論理を理解しやすいかもしれない。

車の速度を上げてくれと頼まれたら、直線思考の人が最初に思いつく解決策はエンジンを大きくすることだろう。そのせいか、アメリカではごつい車をよく見かける。日本人の直感思考なら違う手段を取るだろう。日本人はエンジンやパワートレインなどの細部に注目し、より小型で軽量で性能の良いエンジンを作って、車の速度を上げるだろう（実際にそうした）。中国人の水平思考は、もっと軽くて安いパーツと材料を使うことに着目するだろう。パワートレインが同じでも、車体を軽量化するだけで車の速度は上がるし、さらに重要なことに、粗利益率も上がる。

日米中の3か国は、国内の鉄鋼業の競争力が低下した際に独自の方法で対処したが、その違いも参考になる。１９７０～１９８０年代にかけて、日本の安価で高品質の鉄鋼製品との競争にさらされたアメリカは、鉄鋼の製造から撤退する方針を取り、特に高炉メーカーの数は大幅に減少した。直線的な論理で考えると、国内の製鉄所はコスト競争力が低く、投下資本に対するリターンも低い。それならば製鉄所を閉じて、アメリカ企業が競争で有利な分野に投資した方が高いリターンが期待できると判断した。この決断はビジネス面では理にかなっているが、直線思考の結論にありがちなことに、常識という要素を欠いていた。鉄鋼は戦略産業だ。万が一戦争が勃発したときに、軍隊に供給する鉄鋼を他国からの輸入に頼っていては、対外的な立場が弱くなりかねない。

日本人の反応は違った。韓国と中国の製鋼業者との価格競争に巻き込まれたとき、直感的な日本人は製鉄所を閉鎖しない決断を下した。生産規模を拡大することでコストを削減しようと、積極的に製鉄会社を合併した。さらに重要なことに、製鋼工程を詳しく研究し、世界でもっとも高品質で強度が高く、欠陥率の低い鋼鉄を安定的に生産しようとした。日本は、雇用を守って国にとって戦略的に重要な鉄鋼業を維持できるならば、個々の製鉄会社の価値が損なわれても構わないと考えたのだ。

中国の製鉄業は、もともと価格競争力がそれほどなかった。インドとロシアの製鋼業者の方が構造的に安く生産できるのだ。中国は２００１～２０１４年頃にかけて経済が急成長したが、その後は数億トンの粗鋼生産能力が過剰となった。あまった生産設備を閉鎖する代わりに、中国人はお得意の水平思考を使って一帯一路政策を利用し、過剰に生産された鋼鉄（セメントも）を周辺国に輸出して、各国のインフラ整備にあてることにした。その結果、近隣諸国は発展し、将来中国の有望な輸出先となりそうだ。と同時に、一帯一路の参加国は中国に対して借金を負うことになり、地域内での中国の影響力が増し、中国との往来も増えた。言うまでもなく、この政策は中国国内の雇用を促し、戦略的に重要な鉄鋼業の維持にも役立っている。

過剰な不良債権の問題も、直線思考、水平思考、直感思考のおもしろい違いを浮き彫りにする。２００８年、世界金融危機に見舞われたアメリカは、多額の不良債権を抱えることとなった。典型的な直線思考と真実は絶対だという信念から、アメリカ人は当然のように財務内容をありのまま反映させようと、不良債権を時価で評価した。アメリカの銀行は莫大な評価損を計上した。その結果、短期的な経済危機が起きて、多くの企業が破綻したものの、不良債権を精算したことで経済が回復し、その後の10年間は堅調に成長した。

真実は相対的だと考える直感思考の日本は、１９９０年代の初めに株式と不動産のバブルがはじけたあと、多額の不良債権問題に直面した。想像力に欠ける日本人は、銀行が多額の不良債権を抱えることや、ゾンビ企業が資本を消耗しながら存続し続けて、健全な企業が得られたはずの利益を食い続けることが、金融市場にどう影響するかを理解できなかった。真実は相対的だと考える日本人は、現実を反映する必要はないと判断し、不良債権の評価減を正確に計上しなかった。日本は短期的な金融危機を逃れたものの、非効率な財務のせいでその後徐々にデフレに陥り、「失われた20年」と呼ばれるようになった。

中国も巨額の不良債権問題に直面した。１９９０年代後半、中国の銀行融資の30％程度は回収困難の疑いがあった。真実は相対的だと信じる水平思考の中国人は、債権を時価で評価する必要はないと考えた。それどころか積極的に債務を株式化し、国営銀行は残りの不良債権の返済期限を引き延ばし続けた。２００１年にＷＴＯに加入し、その後、飛躍的な成長を遂げたおかげで、中国は短期的な金融危機を回避しながら不良債権問題をうまく処理することができた。今日、中国はまたもや巨額の不良債権を抱えていて、今回も債権を正確に簿価に反映させない方針を取っている。銀行は巨額の評価減を計上せずに済んでいるのだ。残念ながら中国には、新しいＷＴＯに加入して新たな黄金期を迎え、急成長によって巨額な不良債権を処理するというシナリオはもうない。それどころか、アメリカとの貿易摩擦のせいでその正反対の結果が待ち受けていそうだ。今や中国は、かつて享受してきた貿易上の利点の多くを失いつつあるうえに、今後は成長率の鈍化も見えている。経営状態を透明化しないことで、中国は短期的な金融危機を回避できるかもしれないが、日本式の「失われた10年」が再現されるリスクが高まっている。

　次の例はほとんどのアメリカ人を驚かせるかもしれないが、非直線思考を理解するのに役立つと思う。直線思考で考えれば、もしあなたが自動車事故に巻き込まれても、シートベルトを締めていれば、生存率は大幅に上がると予想するだろう。このケースでは原因と結果が明らかだ。驚いたことに、中国ではシートベルトを着用する習慣がない。大人だけではない。座席の上で立っている幼児や、チャイルドシートもシートベルトも着けずに後部座席に座っている幼児を、私は数え切れないほど目撃している。まるで自動車事故が起きたら幼い子どもがどうなるか、考えが及ばないかのようだ。

中国人の独創的な考え方がわかるおもしろい例がある。ウーバーやDiDiといった自動車配車サービスのドライバーたちは、特別なカードを買ってシートベルトの差し込み口に挿入するという。これを挿入すれば、乗客がシートベルトを着けなくても、警告灯が点かないのだ。これで乗客にシートベルトを着用してくれと頼まずに済む。私が中国人になぜシートベルトを着けないのかと尋ねると、非常に聡明な中国人ですら、窮屈だし、必要ないからと答える。教養のない中国人はしばしば、死ぬときは運命で決まっているし、シートベルトで運命が変わることはないと答える。これは直線思考のアメリカ人にはナンセンスに聞こえる。

アメリカ人の直線思考と日本人の直感思考の違いがよく出ている例を紹介しよう。直線思考は順序立てて考える。そのため、常に先のことを考え、現在に目を向けることはめったにない。直感思考の人は、自分の体験談を話すときもまったく違う。たとえば、直線思考か水平思考の人に、昨夜のレストランでの食事はどうだったかと尋ねると、相手は料理がおいしかったなどのちょっとした感想だとか、あるいはコース料理の一品か、雰囲気か、サービスか、会話などについて意見を話してくれるだろう。水平思考の人なら、あなたの交友関係といった無関係な話題を持ち出してくるかもしれないが。だが、直感思考の人はまったく違った返事をするだろう。彼らは話をいったん中断し、料理を思いだそうと意識を集中するだろう。食事をするときや質問に答えるとき、直感思考の人は驚くほど集中する。そんなわけで、あなたが途中で止めなければ、相手は料理が運ばれてきた順番、食材どうしがシンフォニーのように一体感を成したとか、逆に食材どうしがけんかしたとか、ある料理の歯ごたえがどうとか、食材の季節感、彩り、テーブルに運ばれてきたときの料理の温度、香り、それからもちろん味についても、詳細を延々と語るだろう。直感思考の日本人にとって、直線思考のアメリカ人は目の前のことにきちんと集中しておらず、注意散漫に見えることが多いようだ。

ランダムな世界と直線思考

直線的な論理は西洋で役立ってきたものの、いくつかの欠点がある。世界は直線的に展開しないことだ。変化はランダムに起きることがある。アメリカで横行したサブプライムローンが不良債権化したことで、２００８年にアメリカは深刻な金融危機に陥り、景気が急激に悪化した。この経済危機はランダムな経緯をたどって起き、アメリカの有識者のほとんどは景気後退を予測していなかった。当時、連邦準備制度理事会（ＦＲＢ）の議長を務めたベン・バーナンキも「我々は当初、サブプライム危機が収まると言ったが、あれは間違いだった。住宅問題と金融システム全般の因果関係は非常に複雑で予測が難しい」と認めざるを得なかった。[166]

これは、アメリカが直線的な論理に頼りすぎるあまり起きた被害に他ならない。アメリカの一流企業も、経済学の第一人者も、金融当局の優秀な官僚も、莫大な不良債権がランダムな形で破滅的な結末を引き起こすことを予想しなかったのだ。

直線思考に走りすぎるとどうなるかを表す例をもう一つ紹介しよう。西洋では、清潔にすることは良いことだと信じられている。衛生状態が良い方が身体に良いのは間違いない。だが、欠点もある。直線的な論理に従えば、清潔さが良いということは、清潔にすればするほど良いということになる。だが、中国のことわざにあるように「物事は極点に達すると必ず逆の方向へ転化する」ものだ。今やアメリカでは過度な清潔さは、アレルギー疾患や、糖尿病や自己免疫疾患などの病気と関連があるのではないかと疑われている。[167]人類は何百年以上もの間、不衛生な環境で暮らしながら進化してきた。人間の免疫系がしっかりと発達するには、汚物や細菌と闘う必要があるのだろう。中国には、私が最初に住み始めたばかりの頃には理解できなかったが、今では意味がわかるようになったことわざがある。「不干不浄、吃了没病」——たとえ食べ物が衛生的でなくても、それを食べても病気にはならないだろう、という意味だ。清潔であればあるほどいいと考える直線的な論理が、今や裏目に出るようになったのだ。

民主主義は絶対的に良いと盲信することも、直線的な論理の誤ったあてはめ方と言える。アメリカは民主主義が良いと信じるあまり、イラクの独裁政権を倒して民主主義を打ち立てれば、結果的に良くなるだろうと考えた。これは大間違いだった。アメリカ側の予想は、イラクを民主主義国家にすれば、中東に平和と繁栄がもたらされるというものだった。しかし問題は、イラクの宗教的背景や文化的素地が、民主主義が発達した欧米諸国とはまったく異なることだった。かくしてアメリカは、イラクの状況とは歴史的にも文化的にも相容れそうにない政府を樹立しようと、多額の資金を投じて危険で破壊的な戦争へと突入した。当然、この戦略はうまくいかなかった。

イラクは多様な社会で、スンニ派、シーア派、クルド人という3大勢力が権力争いを繰り広げてきた。暫定政府によるメリットが見込まれていたにもかかわらず、治安を安定させる前に既存の政府と軍隊を解散させたことで、イラクに民主主義をもたらすという任務は失敗する運命となった。これは、直線的な論理よりも常識の方がはるかに有効であることを示す一例だ。

イラクへの侵攻には他にも問題がある。アルカイダの苦い経験があったにもかかわらず、アメリカは中東諸国を不安定にすると水平的な影響が起きることを、まったく想定していなかったようだ――結果的にＩＳＩＳ（イスラム国）が誕生することになったのだが。１９８８年に公開された映画『ランボー３／怒りのアフガン』は当初、作品の最後に「この映画はアフガニスタンの勇敢なムジャヒディンたちに捧ぐ」というクレジットが表示された。当時のアメリカは、外交方針としてムジャヒディン（義勇兵）を支援していたからだ。アメリカは直線思考を使って、旧ソ連軍によるアフガニスタン侵攻に抵抗するために、ムジャヒディンを支援することにメリットを見出した。だが、その過程でアルカイダというアメリカの新たな敵を生み出すことになるというランダムな結末を予測しなかった。

アメリカ人の直線思考が失敗に終わった例は他にもある。アメリカは森林火災を悪でしかないと確信するあまり、森林火災を防止するためにあらゆる手を尽くした。だが、やがて、森林火災が起きないと木が生い茂りすぎてしまい、それが仇となって、ひとたび森林火災が起きると、被害が甚大になる恐れがあると気づいた。木が多すぎると、樹冠火《じゅかんか》といって、通常の森林火災よりも炎の勢いが強くて延焼しやすく、甚大な被害をもたらす火災が起きる恐れがあるのだ。しかもアメリカ人は、もっと深刻な不測の事態を予見できなかった。森林火災を阻止したことで、アメリカマツノキクイムシが爆発的に増え、森林荒廃を招いたことだ。森林火災にはキクイムシの繁殖を抑える効果があった。森林火災が定期的に起こらなければこの虫は爆発的に増えるため、今やアメリカ西部に広がる松林は破壊的な被害を受けている。

２０１５年に発行された雑誌『ナショナルジオグラフィック』にこんな記事がある。「今回の（キクイムシの）異常発生は空前の規模だ。１９９０年代以降、米国のニューメキシコ州北部からカナダのブリティッシュ・コロンビア州に至る地域で、24万平方キロ以上の森が被害に遭った。ブリティッシュ・コロンビア州では、異常発生が終息するまでにマツの成木の約60%が枯死するおそれがあるという。これは、木材に換算すれば10億立方メートル分にもなる量だ」[168]。荒廃した森林の多くはすでに手遅れの状態で、このような悲惨な被害が生じた原因は、アメリカ人の常識不足とランダムな結果を予測し損ねた直線思考にある。

直線思考にはいくつもの利点があるものの、人間は自分たちが思っているほど論理的ではないのだ。

「みなさんの多くは、人間は考える生き物だけれど感じもするのだと考えているかもしれませんが、生物学的には、わたしたちは感じる生き物だけれど考えもするのです(169)」

――ジル・ボルト・テイラー

世界を率いる立場にあることと、真実を絶対だと過信しがちな傾向のせいで、アメリカ人は自分たちの論理が正しく、それ以外の論理を間違っていると感じる。だが、アメリカ建国の父アレクサンダー・ハミルトンの「人間は理性的というよりも論理的な生き物であり、情熱的な衝動に支配されることが多い」という忠告を肝に銘じておくべきではないだろうか。

アメリカ人とは対照的に、中国人は理屈よりも理性を重視する。その違いについて林語堂はこう述べている――理屈は分析的で不変の論理によって支配されるが、理性は柔軟で分別がある。西洋人は論理的にしっかりした議論に満足するが、中国人はそれだけでは納得しない。人間の性質を考慮した論理でなければならないのだ。この基準では、理屈よりも理性の方がはるかに現実に即しているのである(170)。

中国人の常識がアメリカ人の直線的な論理よりもすぐれていると感じられる例を二つ挙げよう。アメリカでは、法律を厳密に解釈することで、犯罪者が無罪放免になることがある。中国ではそんなことは起こらないだろう。アメリカの法律制度では、たとえ誰かの有罪が確実であっても、警察官が誤った日付を記録するか、こまかい手続きを取り忘れると、犯罪者は釈放される可能性が高いのだ。中国人の常識はこうした理論には決して屈しないし、容疑よりも手続き上のミスを優先させることもないだろう。警察官は懲戒処分にされ、被告人の容疑は変わらないだろう。

同様に、アメリカで見られるくだらない裁判沙汰も、中国人の想像を超えていそうだ。最近では、10代の若者が太ってしまったからとファストフード店を訴えたケースがある。中国人の常識なら、ファストフードを食べすぎれば太るのはあたりまえだし、メニューが悪いと言ってレストランを訴えようとは思わないだろう。

カーネマンも著書『ファスト&スロー』のなかで、たとえ西洋の偉大な発展の背後に直線的な論理の力があったにせよ、西洋人は自分たちが望むほどいつも論理的なわけではないと釘を刺している。カーネマンが主張するように、「合理性を一貫性として定義する以上、あらゆるものに一貫してこのルールを適用しなければならない。つまり限られた思考力しか持たない人にはとうてい実行できないような、論理規則を厳守しなければならない。

この定義では、ふつうのまともな人は合理的にはなり得ない。だからといって、この人たちに不合理というレッテルを貼るべきではないだろう」[171]。言い換えれば、人間はコンピューターのように合理的に考えているつもりでも、実際はそううまくはいかないということだ。さらにカーネマンはこうも述べている。「……システム2（集中的な思考モード）は、合理性の鑑とは言い難い。システム2の能力は限られており、アクセスできる知識も限られている。私たちの思考はつねに理路整然としているわけではないのだから、出しゃばりの不正確な直感ばかりが判断ミスの原因ではない。私たちがひんぱんに誤りを犯すのは、システム2の知識や能力不足が原因でもある」[172]。

アメリカ人は、直線的な論理が完全ではないと認識する必要があると私は思う。他の推論にもそれぞれの長所があり、私たちはとかく自分たちは論理的だと信じがちだが、必ずしもそんなわけではないのだ。それを意識すれば、アメリカ人は多様な人々の異なる考え方に耳を傾けて、広い心で受け入れられるようになるだろう。どの考え方にもそれぞれの強みがある。最終的には、お互いから学ぶこともできるだろう。

結論

私が本書を執筆したのは、アメリカと日本と中国が相互理解を深めるためのサポートをしたかったからだ。アメリカと日本が互恵的関係を構築し直し、両国が中国の台頭を前にうまく立ち回ることで、21世紀に平和と安定がもたらされることが目標だ。とりわけ私が望むのは、アメリカが日本人ともっとスムーズにコミュニケーションを取れるようになり、日本人と中国人の根本的な違いを掴み、アジアの勢力均衡図における日本の重要性を認識することだ。アメリカには、もっと現実的な目で中国を見るよう心がけ、中国の誓約や約束を検証する安全対策を取り入れたうえで、より公平な条件で交渉することも学んでほしい。さらに中国は、アメリカ人との交渉でしばしば自国に有利な条件を取り付けようとするが、やがてそれがはね返って国益を損なうかもしれないことを認識してほしい。中国には「豊かな水が隣人の畑に流れ込むのを放置してはならない」という古くからの哲学があるが、この古い考えを覆して、双方が得をする解決策を見つける方が、中国の長期的な利益に資するだろう。

今後10~20年間で、中国と日本とアメリカは安定的な共同関係を構築するだろう、と私は楽観的に考えている。アメリカと日本は、破竹の勢いで台頭する中国と向き合うことになるが、それぞれが各国の考え方をしっかりと理解すれば、今後増えそうなやっかいな誤解や誤算の多くを防げるだろう。

謝辞

わずかな所持金とほんの少しの会話力だけで、頼るあても仕事もなかった私を日本と中国に送り出してくれた両親に感謝の言葉を捧げたい。二人は不安を抱きながらも、私をサポートしてくれた。両親がいなかったら、この本は存在しなかっただろう。さらに私が慌ただしく調べ物をしながら執筆するのを、忍耐強く見守ってくれた妻にも感謝している。妻はいつも私をサポートし、インスピレーションとフィードバックをくれた。子どもたちにもありがとうと伝えたい。本を書くために、子どもたちと過ごす時間が減ってしまった。10代のやさしい娘は「あきらめなよ、パパ。誰もパパの本なんて興味ないから」とアドバイスしてくれた。私はそのZ世代の言語を「頑張ってね、パパ。パパが書いてる本は、私の自慢だから！」と解釈した。

　ティナ・メディーナとサマンサ・ジャイルズにも感謝の気持ちを伝えたい。この二人の偉大な編集者は、私の文章を整えて、この本の主旨がよりよく読者に伝わるよう手直ししてくれた。姉のアンも編集を手伝ってくれた。そして誰よりも、この本を再構築し、余計な箇所を削除し、主旨を明確にしてくれた編集の達人、エミリー・ギンドルスパージャーにこの場を借りてお礼を言わせてほしい。ここにあげた人々の支えがなければ、本書はこれほど読み応えのあるものにはならなかっただろう。言うまでもなく、本書の間違いや脱落の責任は筆者にある。

私を「完全無欠」にするのをサポートしてくれたデイヴ・アスプリー、自分のミトコンドリアを大切にする方法を教えてくれたテリー・ウォールズ、そして途方に暮れていた18歳の少年が自分の道を見つけるのを助けてくれたトニー・ロビンズにも、心から感謝している。さらに、日本と中国のすばらしい友人たちにもお礼を言わせてほしい。私が心を開いて文化に溶け込まなければ、日中両国のきわめて独特な文化を理解できなかっただろう。また、私がこの本を書くために長期休暇を取るのを許してくれた会社にもお礼を言わなければ。休暇中に同僚たちとのやり取りをどれだけ恋しく思ったことか。それからW・H・Hにも心から感謝の言葉を。あきらめそうになったとき、あなたのフィードバックと励ましのおかげで私はやり続けることができた。

原注

プロローグ

(1) Lee Kuan Yew, *One Man's View of the World* (Singapore: Straits Time Press, 2013), 322.

序章　あなたはどの思考タイプ？

(2) 中国では、高官が刑務所に収容されると、追加的な懲罰として毛髪を染めさせてもらえない。かくして不名誉な公務員は、収監されるだけでなく、テレビで白髪姿をさらされて面目を失うという苦痛も味わう。こうして恥の上塗りをされるのだ。

第1章　直感とイノベーション

(3)『スティーブ・ジョブズI』ウォルター・アイザックソン著、井口耕二訳、講談社、2011年。74ページ。

(4)『スティーブ・ジョブズI』74ページ。

(5) "'You' ve Got to Find What You Love,' Jobs Says," Stanford University, June 14, 2005, http://news.stanford.edu/2005/06/14/jobs-061505/.

(6)『日本人の思惟方法』中村元著、春秋社、2012年。450ページ。

(7)『スティーブ・ジョブズI』94ページ。

第2章　日本人の直感思考はどうやって生まれたか

(8)『日本人の思惟方法』367ページ。

(9)『日本人の思惟方法』402ページ。

(10)『日本人の思惟方法』377ページ。

(11)『日本人の思惟方法』377ページ。

(12)『日本人の思惟方法』372ページ。

(13)『日本人の思惟方法』406ページ。

(14)『(対訳) 葉隠』山本常朝著、大宮司朗、松本道弘 現代語訳、講談社インターナショナル、2005年。72ページ。

(15)『(対訳) 葉隠』78ページ。

(16)『(対訳) 葉隠』252ページ。

(17)『菊と刀』ルース・ベネディクト著、越智敏之、越智道雄訳、平凡社、2013年。53ページ。

第3章　合気道で直感を学ぶ

(18) Daisetz T. Suzuki, *Zen and Japanese Culture* (Princeton, New Jersey: Princeton University Press, 2010), 133.

(19)『菊と刀』56ページ。

(20) Joseph Campbell, *Myths of Light: Eastern Metaphors of the Eternal* (Novato, California: New World Library, 2003), 123.

(21) *Zen and Japanese Culture*, 435.
(22) *Zen and Japanese Culture*, 135.
(23) *Zen and Japanese Culture*, 100.

第4章　日本文化における禅とマインドフルネス

(24) *Myths of Light: Eastern Metaphors of the Eternal*, 91.
(25)『対訳 禅と日本文化—Zen and Japanese Culture』鈴木大拙著、北川桃雄訳、講談社インターナショナル、2005年。113ページ。

第5章　『スター・ウォーズ』と禅

(26) *Myths of Light: Eastern Metaphors of the Eternal*, 133.
(27)『(対訳) 葉隠』112ページ。
(28) *Myths of Light: Eastern Metaphors of the Eternal*, 87.
(29) *Zen and Japanese Culture*, 149.
(30) *Zen and Japanese Culture*, 218.
(31) *Zen and Japanese Culture*, 218.
(32) *Zen and Japanese Culture*, 218.
(33)『対訳　禅と日本文化—Zen and Japanese Culture』61ページ。
(34) *Myths of Light: Eastern Metaphors of the Eternal*, 87.

第6章　速い思考、遅い思考、禅の思考

(35) *Zen and Japanese Culture*, 220.
(36) Michael Mosley, "The Second Brain in Our Stomachs," BBC TV, July 11, 2012, http://www.bbc.com/news/health-18779997.
(37) Travis Bradberry, "Your Intuition is More Powerful than Your Intellect, and Just as Easily Expanded," *Quartz*, January 10, 2017, https://qz.com/880678/ntuition-is-more-powerful-than-intellect/.
(38)『ファスト&スロー　あなたの意思はどのように決まるか？(下)』ダニエル・カーネマン、村井章子訳、早川書房、2014年。314ページ。
(39)『ファスト&スロー(下)』328ページ。
(40)『ファスト&スロー　あなたの意思はどのように決まるか？(上)』ダニエル・カーネマン、村井章子訳、早川書房、2014年。29ページ。
(41)『ファスト&スロー(下)』29ページ。
(42)『ファスト&スロー(下)』20ページ。
(43)『ファスト&スロー(上)』40ページ。
(44) John Woodcock, "The Man Who Knew Infinity," May 14, 2016, https://johnwoodcock.com.au/2016/05/man-knew-infinity/.
(45)『ファスト&スロー(下)』29ページ。

第7章　物事を文字通りに受け取る日本人

(46)『日本　権力構造の謎（上）』カレル・ヴァン・ウォルフレン著、篠原勝訳、早川書房、1990年。51ページ。
(47)『菊と刀』55ページ。
(48)『日本　権力構造の謎（上）』295ページ。
(49)『日本人の思惟方法』13ページ。
(50)『日本人の思惟方法』369ページ。
(51)『日本人の思惟方法』
(52) *Zen and Japanese Culture*, 230.
(53)『菊と刀』147ページ。

第8章　日本人の完璧主義

(54)『日本人の思惟方法』137ページ。
(55) Joseph Campbell, *Sake & Satori* (Novato, California: New World Library, 2002), 86.
(56) *Sake & Satori*, 131.
(57)『（対訳）葉隠』。
(58)『（対訳）葉隠』40ページ。

第9章　失敗と自殺

(59) *One Man's View of the World*, 79.
(60) Dave Asprey, "The Microorganisms in Our Body That Keep Us Alive—Naveen Jain—#382," *Bulletproof Blog*, https://blog.bulletproof.com/the-microorganisms-in-our-body-that-keep-us-alive-naveen-jain-382/.
(61) 海外に住むときは、話し相手を見つけることが重要だ。たとえば、話し相手を求めているおしゃべりな中年女性がいい。このような人は、言語を学習する人にとってこれ以上ない友だちとなる。
(62)『菊と刀』189ページ。
(63)『菊と刀』206ページ。
(64)『（対訳）葉隠』25ページ。
(65) *Zen and Japanese Culture*, 82.
(66)『禅と日本文化』61ページ。

第10章　中国人の水平思考

(67)『中村元選集　決定版　第2巻　東洋人の思惟方法／シナ人の思惟方法』中村元著、春秋社、1988年。127ページ。
(68)『中村元選集　決定版　第2巻　東洋人の思惟方法／シナ人の思惟方法』160ページ。
(69)『中国人の交渉スタイル——日米ビジネスマンの異文化体験』ルシアン・W・パイ著、園田茂人訳、大修館書店、1993年。112ページ。
(70) Yutang Lin, *My Country and My People* (Oxford, England: Oxford City Press, 2010), 104.
(71)『キッシンジャー回想録 中国（上）』ヘンリー・A・キッシンジャー著、塚越敏彦他訳、岩波書店、2012年。

278ページ。
(72)『キッシンジャー回想録 中国（上）』279ページ。
(73)『キッシンジャー回想録 中国（下）』ヘンリー・A・キッシンジャー著、塚越敏彦他訳、岩波書店、2012年。305ページ。
(74)『キッシンジャー回想録 中国（下）』340ページ。
(75)『キッシンジャー回想録 中国（上）』158ページ。
(76)『キッシンジャー回想録 中国（上）』159ページ。
(77)『キッシンジャー回想録 中国（上）』168ページ。

第13章　真実を相対的に見る中国人

(78) *My Country and My People*, 83.
(79) Sidney Shapiro, *The Law and Lore of China's Criminal Justice* (Beijing, China: New World Press, 1990), 30.
(80) *My Country and My People*, 76.
(81) *My Country and My People*, 104.
(82) Kosei Fukao, "Posco Missteps Pay Off for Nippon Steel in Tech Theft Case," *Nikkei Asian Review*, October 8, 2015, http://asia.nikkei.com/magazine/20151008-SEA-CHANGE/Business/Posco-missteps-pay-off-for-Nippon-Steel-in-tech-theft-case.
(83) 私が注目したのは、約1000年前の宋の時代、中国は世界屈指の経済大国で、世界総生産の50%以上を占めていた可能性があることだ。だが、宋は、浅はかにも女性の足を縛る纏足《てんそく》の風習を取り入れた。その後の1000年は惨憺たるもので、たびたび異民族や外国の支配に甘んじることとなり、経済も衰退して世界総生産のわずか数パーセントにまでに落ち込んだ。毛沢東は纏足を廃止し、以来中国は徐々に国力を回復し、再び世界最大の経済大国に返り咲いた。ここでの教訓は、纏足は悪習だということだ。
(84) *My Country and My People*, 81.
(85)『中村元選集　決定版　第2巻　東洋人の思惟方法／シナ人の思惟方法』43ページ。
(86) *My Country and My People*, 76.

第14章　中国で規則を厳守してはならない理由

(87) *My Country and My People*, 66–67.
(88) *My Country and My People*, 67.
(89) *My Country and My People*, 85.

第15章　漢字

(90)『中村元選集　決定版　第2巻　東洋人の思惟方法／シナ人の思惟方法』30ページ。

第16章　中国人にとっての家族と国家

(91) *My Country and My People*, 167.
(92)『日本　権力構造の謎（上）』331ページ。

(93) William Weir, *50 Military Leaders Who Changed the World* (New Delhi, India: Pentagon Press, 2007), 173.
(94) *My Country and My People*, 170.
(95) *My Country and My People*, 182.
(96) *My Country and My People*, 164.
(97) *My Country and My People*, 164.
(98)『日本　権力構造の謎（下）』53ページ。
(99)『菊と刀』167ページ。
(100) Adda B. Bozeman, "Politics and Culture in International History," in *Oriental Mythology: Masks of God*, Joseph Campbell (New York: Penguin Books, 1962), 384.
(101) "The World Factbook," Central Intelligence Agency, 2018, https://www.cia.gov/library/publications/download/download-2018/index.html.
(102) "The World Factbook," Central Intelligence Agency, 2018.
(103) Olga Gertcyk, "We've Come for Your Women: Chinese Men Seek Siberian Brides," *The Siberian Times*, October 11, 2016, http://siberiantimes.com/other/others/features/f0261-weve-come-for-your-women-chinese-men-seek-siberian-brides/
(104) *My Country and My People*, 58.
(105) *My Country and My People*, 56.
(106) *My Country and My People*, 56.

第17章　権力、法律、そして見知らぬ人に冷淡な中国人
(107) レント・シーキングとは、制度を悪用して自らに都合が良くなるようにしむける行為のこと。基本的には、社会全体のためではなく、自分や家族の欲求を満たすための行為だ。その典型例として、中国の公衆トイレにはトイレットペーパーがない。トイレットペーパーを設置すると、レント・シーキングな中国人が、後でトイレを使用する人のことを顧みずに、個人的に使うためにトイレットペーパーを持ち帰ってしまうからだ。
(108) Richard Hartley-Parkinson, "Yue, the Girl Who Shamed China, Is Dead: Two-year-old Run Over TWICE as Dozens of People Ignored Her Lying in the Road Succumbs to Her Injuries," *Daily Mail*, November 5, 2011, http://www.dailymail.co.uk/news/article-2051679/Yue-Yue- dead-Chinese-girl-Wang-Yue-2-run-bystanders-watch-dies.html.
(109) *My Country and My People*, 44.
(110) Flora Drury, "China Forced to Install Manhole Covers with GPS Tracking in Desperate Effort to Stop Thieves from Stealing Them for Scrap," *Daily Mail*, March 20, 2015, http://www.dailymail.co.uk/news/peoplesdaily/article-3004339/China-forced-install-manhole-covers-GPS-tracking-tie-lampposts-desperate-effort-stop-thieves-stealing-scrap.html.
(111) Raksha Shetty, "Fake Milk Powder Causes Baby Death," CBS NEWS, June 9, 2004, http://www.cbsnews.com/news/fake-milk-powder-causes-baby-death/ and Jonathan Watts, "Chinese Baby Milk Blamed for 50 Deaths," *The Guardian*, April 20, 2004, https://www.theguardian.com/world/2004/apr/21/china.jonathanwatts.

(112) *My Country and My People*, 166.

(113) *My Country and My People*, 174.

(114) "Ex China Rail Minister Liu Zhijun Charged with Corruption," *BBC News*, April 10, 2013, https://www.bbc.com/news/world-asia-china-22089011.

(115) Malcolm Moore, "Chinese Rail Crash Scandal: 'Official Steals $2.8 Billion'," *The Telegraph*, August 1, 2011, http://www.telegraph.co.uk/news/worldnews/asia/china/8674824/Chinese-rail-crash-scandal-official-steals-2.8-billion.html.

(116) Harrison Jacobs, "Here's the Ridiculous Loot That's Been Found with Corrupt Chinese Officials," *Business Insider*, January 22, 2015, http://www.businessinsider.sg/the-ridiculous-loot-thats-been-found-with-corrupt-chinese-officials-2015-1/#jly5tkTofA6V7WXM.97.

(117) David Barboza, "As China Official Rose, His Family's Wealth Grew," *The New York Times*, April 23, 2012, http://www.nytimes.com/2012/04/24/world/asia/bo-xilais-relatives-wealth-is-under-scrutiny.html.

(118) David Barboza, "Billions in Hidden Riches for Family of Chinese Leader," *The New York Times*, October 25, 2012, https://www.nytimes.com/2012/10/26/business/global/family-of-wen-jiabao-holds-a-hidden-fortune-in-china.html.

(119) *The Law and Lore of China's Criminal Justice*, 15.

第18章　中国における個性、幸せ、友情とは

(120) *My Country and My People*, 96.

(121) *My Country and My People*, 98.

(122) *My Country and My Peopl*e, 96.

(123) Jiang Menglin, "China and Japan," in *China's Peril and Promise*, by Chih-p'ing Chou, Xuedong Wang, Joanne Chiang (Princeton, New Jersey: Princeton University Press, 1996), 286–309.

(124)『中国人の交渉スタイル――日米ビジネスマンの異文化体験』174ページ。

(125) Herrlee Glessner Creel, "Confucius and the Struggle for Human Happiness," in *Chinese Thought from Confucius to Mao Tse-Tung*, (Chicago: The University of Chicago Press, 1953).『日本　権力構造の謎（下）』33ページより引用。

第20章　面子

(126) *My Country and My People*, 190.

(127) *My Country and My People*, 191.

(128) "Taiwan Grandma Carried Fish in £900 Louis Vuitton Handbag," *BBC News*, April 3, 2017, http://www.bbc.com/news/world-asia-39477966.

(129) Lauren Gambino, "Chinese Boy 'Sells Kidney to Buy iPad'," *The Telegraph*, April 6, 2012, http://www.telegraph.co.uk/news/worldnews/asia/china/9191325/Chinese-boy-sells-kidney-to-buy-iPad.html.

(130)『餓鬼（ハングリー・ゴースト）――秘密にされた毛沢東中国の飢饉』ジャスパー・ベッカー著、川勝貴美訳、中央公論新社、1999年。113ページ。
(131) *My Country and My People*, 192.

第21章　中国人の面子と日本人の名誉
(132)『(対訳）葉隠』46ページ。
(133)『(対訳）葉隠』178ページ。
(134)『菊と刀』182ページ。
(135) *My Country and My People*, 117.
(136) *My Country and My People*, 52.
(137) Joseph Campbell, *Sake & Satori*, 293.

第22章　アメリカ人と絶対的な真実
(138) Joseph Campbell, *Myths of Light: Eastern Metaphors of the Eternal*, 4.
(139) Joseph Campbell, *Myths of Light: Eastern Metaphors of the Eternal*, 7.
(140) Joseph Campbell, *Myths of Light: Eastern Metaphors of the Eternal*, 71.
(141) Joseph Campbell, *Myths of Light: Eastern Metaphors of the Eternal*, 7.
(142) Joseph Campbell, *Myths of Light: Eastern Metaphors of the Eternal*, 129.
(143) Joseph Campbell, *Myths of Light: Eastern Metaphors of the Eternal*, 63.
(144) Joseph Campbell, *Myths of Light: Eastern Metaphors of the Eternal*, 103.
(145) Joseph Campbell, *Myths of Light: Eastern Metaphors of the Eternal*, 130.
(146) Joseph Campbell, *Myths of Light: Eastern Metaphors of the Eternal*, 60–61.
(147) Joseph Campbell, *Myths of Light: Eastern Metaphors of the Eternal*, 38–39.
(148) *My Country and My People*, 45.
(149) *My Country and My People*, 170.
(150) *My Country and My People*, 169.
(151) Joseph Campbell, *Myths of Light: Eastern Metaphors of the Eternal*, 61.
(152) Joseph Campbell, *Myths of Light: Eastern Metaphors of the Eternal*, 110.
(153)『木を見る西洋人　森を見る東洋人　思考の違いはいかにして生まれるか』リチャード・E・ニスベット著、村本由紀子訳、ダイヤモンド社、2004年。104ページ。
(154)『中村元選集　決定版　第1巻　東洋人の思惟方法／インド人の思惟方法』中村元著、春秋社、1988年。125ページ。
(155)『日本人の思惟方法』
(156) *Myths of Light: Eastern Metaphors of the Eternal*, 136.
(157)『菊と刀』。180ページ。

第23章　白か黒かはっきりさせたがるアメリカ人――真実、貿易、健康、法律について
(158)『日本　権力構造の謎（上）』42ページ。

(159) *Myths of Light: Eastern Metaphors of the Eternal*, 6.

(160)『日本　権力構造の謎（上）』41 ～ 42ページ。

(161)『日本　権力構造の謎（上）』44ページ。

(162)『日本　権力構造の謎（下）』カレル・ヴァン・ウォルフレン著、篠原勝訳、早川書房、1990年。22ページ。

(163) Christie W. Kiefer, "The danchizoku and the Evolution of Metropolitan Mind," in *Japan: The Paradox of Progress*, Ed. Lewis Austin (New Haven, Conn.: Yale University Press, 1976), 281.

(164)『中国人の交渉スタイル――日米ビジネスマンの異文化体験』145ページ。

(165) Associated Press, "LA Judge Orders Release of Man Sentenced to 25 Years-to-Life for Stealing Food from Church," *Fox News*, August 16, 2010, https://www.foxnews.com/us/la-judge-orders-release-of-man-sentenced-to-25-years-to-life-for-stealing-food-from-church.

第24章　アメリカ人の直線思考

(166) John Cassidy, "Anatomy of a Meltdown," The New Yorker, December 1, 2008, https://www.newyorker.com/magazine/2008/12/01/anatomy-of-a-meltdown.

(167) Andrew Curry, "A Hygiene Hypothesis," Diabetes Forecast, February 2009, http://www.diabetesforecast.org/2009/feb/a-hygiene-hypothesis.html.

(168) ヒラリー・ロズナー（2015）、「消える北米の森」、『National Geographic 日本版　2015年6月号』83ページ。

(169)『奇跡の脳――脳科学者の脳が壊れたとき』ジル・ボルト・テイラー著、竹内薫訳、新潮社、2012年。309ページ。

(170) *My Country and My People*, 86.

(171)『ファスト&スロー（下）』319ページ。

(172)『ファスト&スロー（下）』327ページ。

原書『CULTURE HACKS』は全36章で構成されていますが、
本邦訳版は著者の意向により24章までの内容で構成しています。

［著者］
リチャード・コンラッド（Richard Conrad）
アメリカ・ワシントンDCで育ち、ヴァンダービルト大学で工学と経済学を学んだ。大学卒業後の20代のうちに中国語と日本語を独学で学び、のちに中国の上海にある復旦大学大学院に入学、経済学の修士号を取得した。その後、ノースカロライナ大学チャペルヒル校でMBAを取得。アメリカ大手資産運用会社に16年間在籍し、現在も中国株や日本株のリサーチ、分析、投資を行っている。

［訳者］
福井 久美子（ふくい・くみこ）
英グラスゴー大学大学院英文学専攻修士課程修了。英会話講師、社内翻訳者を経て、フリーランス翻訳者に。訳書に『ハーバードの自分を知る技術――悩めるエリートたちの人生戦略ロードマップ』（CCCメディアハウス）、『CAPTIVATE 最強の人間関係術』（ダイヤモンド社）などがある。

CULTURE HACKS　日・米・中　思考の法則

2021年3月16日　第1刷発行

著者　リチャード・コンラッド
訳者　福井 久美子
発行　ダイヤモンド社
〒150-8409　東京都渋谷区神宮前6-12-17
https://www.diamond.co.jp/
電話／03-5778-7235（編集）　03-5778-7240（販売）
装丁　平田 毅
翻訳協力　オレンジ社（冨永 陽）
制作進行　ダイヤモンド・グラフィック社
印刷　新藤慶昌堂
製本　ブックアート
編集担当　寺田文一

ISBN 978-4-478-11233-5